ビジネスコンペ
300戦無敗

選ばれ続ける極意

井下田久幸

朝日新聞出版

はじめに――「なぜか選ばれないあなた」に、武器を贈りたい！

「素敵な異性から選ばれたい」
「憧れの会社の面接で選ばれたい」
「オーディションで選ばれたい」

競争率が高いこの世の中では、誰もが選ばれることを望みながら、実際に選ばれる人は僅《わず》かという現実。

「私には真似できないほどのあれだけの努力をしているのだから、選ばれるのは当然の結果」だと思わざるをえない人ももちろんいる。

しかし、自分と同じくらいの努力しかしていないように見えるのに、なぜか要領良くいつも選ばれている人たちも一定数いて、私たちの心の中にモヤモヤが残ってしまう。

「時間の使い方の何が違うのだろう？」
「努力の仕方の何が違うのだろう？」
「自分が見逃している行動や考え方に何があるだろう？」

これらの疑問を解いて納得したいはずだ。

私は、選ばれない苦い経験もしたし、選ばれる幸運も経験したごく普通の人だと自覚しているが、幸運なことにベンチャーで倒産の危機に直面した時に、コンペで300戦無敗の記録を打ち立てることができた。つまり「選ばれ続ける」経験を培《つちか》うことができたわけだ。

元々才能がある人が選ばれ続けたとしても、当たり前でそこから学ぶものはないかも知れないが、ごく普通の人間が、ある日を境に「選ばれ続ける」ようになったとしたら、そこには他人も学べる秘策があるはずだ。

私自身が自覚していなかった「選ばれ続ける」ための秘策を言語化したのが本書だ。「選ばれ続ける」ために私が無意識のうちに工夫してきたことを言語化して、誰もが応用できる形にしてみた。

第1章以降で具体的なノウハウやテクニック、考え方を書いていくが、その前に「選ばれる」人たち共通の心の中を披露しておきたい。

それはその最中には「選ばれる」ことを意識していなかったということだ。結果として、あとから振り返ったら「選ばれ続けて」いたということだ。

その最中には、自分が最大限に能力を発揮することに集中していたということだ。

私が300戦無敗を続けた時も、「よし、次も無敗記録を継続させよう」なんてことは微塵《みじん》も思わなかった。ただただ必死に活動し、自社の強み、価値をお客様に役立ててもらおうということだけを考えていた。あとから振り返って、結果として無敗記録というご褒美がついただけだった。

IBMという当時ITの最大手に勤めていて順風満帆《じゅんぷうまんぱん》だった私は、もっと自分の実力を試したくなって、ベンチャーに飛び出してしまった。まさに「若気の至り」である。2万人の社員がいた大企業から、わずか社員が16人のベンチャーに移ったのだから、無謀過ぎる話だった。

そしてある日の経営会議に参加した時のこと。経理部の課長が珍しく参加してきたと思ったら、「このまま行くと、半年後には資産が枯渇《こかつ》して倒産します!」と発表したのだった。

「天地が引っくり返る」という比喩《ひゆ》表現が体感できた瞬間だった。

「え？　資本金27億円も集めたこの会社が、どうやったら数年で資本金を使いきれるの？」

私の頭の中では「？？？」が飛び回っていた。

しかもその時、社運を賭けて開発した新商品は、泣かず飛ばずだった。隠し玉として、開発途中のプロトタイプ（半製品）があるだけだった。

だからそんな状況の私には「選ばれ続ける」なんて考える余裕も、意識も全くなかった。

「いまここで自分ができることを出し切らなければ、やばい！」その気持ちだけだった。

私はエンジニア系なので、技術支援やマーケティングが主たる仕事だったが、この時から気持ちを切り替え、営業と一緒に現場に出る決断をした。勝手に自分の行動を決められるところは、ベンチャーの良いところだろう。

無我夢中で、営業とお客様を回り、プロトタイプをあたかも既に出来上がった製品のようにカモフラージュしながら販売活動をした。

年間に300社は訪問していたので、我ながらすごい活動量だ。年間の就労日は約200日だから、毎日1、2社を回ったことになる。エンジニアとしての本来の仕事をしながら、プラスでこの活動をしたので、自分でもよく体を壊さなかったなと思う。

マイクロソフトをはじめ、大手競合会社がひしめく中、コンペをしまくった。繰り返すが、「選ばれ続ける」なんて意識は全くないまま当時は活動していた。それにもかかわらず、結果として負けなしで過ごすことができたのだった。

手前みそになるが、このベンチャーの数社後に、私は一部上場の日本企業で勤めるご縁があった。その時は、役員としてソフトウェア開発の責任者を務めた。すべて自社内で開発するソフトウェア製品もあったが、中には他社のソフトウェアを供給して、ちょっと色付けして販売する、いわゆるOEM製品もいくつかあった。

そのOEM製品の1つに、私がベンチャーの時にコンペで散々戦っていた競合製品があった。まさに、昨日の敵が今日の仲間になってしまったのだ。

ソフトウェア開発の責任者だったので、ベンチャーにいた時ほど外に出ることはできなかったが、それでも現場主義が身についていた私は、可能な限り、営業に呼んでもらってお客様と接して、ニーズを拾っていった。そして私が元いたベンチャーとのコンペも何度か味わった。この時も、かつて私が連勝していた商品に勝ち続けることとなった。つまり、商品が良いから勝てるわけでは決してないということだ。これは大きな自信になった。

私が手前みそと言ったのは、競合製品のどちらを売っても無敗で過ごすことができたからだ。古巣を徹底的に打ちのめしたのだった。

私は無意識のうちに「選ばれ方」を身に付けていたのだろう。

私は膨大《ぼうだい》な数のコンペを経験して修羅場《しゅらば》をくぐったが、「選ばれ続けた」と自覚を持つようになったのは、つい最近のことである。

こうやって書籍を出す機会をいただき、出版社との企画の打ち合わせの中で、私のバックグラウンドをヒアリングしてもらっているうちに、自分にそんな才能があったのだと気づくことができた。そして書籍化をきっかけに、それを言語化して整理することができた。

この本を手にとっていただき、ありがとう。

今、このページまで読んでいただけたということは、きっとあなたには「選ばれるにふさわしい」くらいに努力したにもかかわらず「選ばれなかった」経験があり、そんな状況を打開したくて、「この本なら、そのヒントになるのでは?」と思っていただけたからではないだろうか。

この本は、まさに、そんなあなたに向けて、「選ばれる人になるための武器」を贈るために書いてみた。

各章は、私井下田と若手社員の武井さんの会話で始まる。努力しているのになぜか選ばれない武井さんといっしょに、選ばれ続ける「武器」を自分の物にしてほしい。

本書では「選ばれ続ける人」になるための具体的なテクニックから、「選ばれ続ける人たち」が普段から用いている思考回路まで、私の体験をもとに、惜しみなく披露させていただいた。

ぜひ、あなたのこれからに役立ててほしい。

選ばれ続ける極意

目次

はじめに――「なぜか選ばれないあなた」に、武器を贈りたい！　1

［第1章］300戦無敗のリアル　15

「選ばれる人」には戦略がある　18
試食戦略――行動の重要性　27
帳尻合わせ戦略――スピードが大事　33
アドバイザー戦略――人との接し方が大事　38
根性論戦略――考え方が大事　45

［第2章］2種類の目標を立てよ――「選ばれ続ける人」の行動　51

「ブラウザは何をお使いですか？」という質問に隠された深い意味　54

庭を整えたら蝶が向こうからやって来る　61
選ばれる人は「結果目標」と「行動目標」の2つを持っている　66
前に進むためにあえて後退する勇気　72
来た時より美しく　77
「選ばれる人」が大事にしている6つの視点　81
「選ばれる人」が大事にしている新たな3つの視点「時間」「情報」「感情」　86
予期せぬ出来事への対応　93
相手の目を見るという基本　98
摑み5分と締め1分が9割　104

[第3章] 5つの基礎力を鍛えよ——「選ばれ続ける人」のスピード

111
選ばれる人が持つ共通の特徴「即断力」　114

即断できるための5つのトレーニング　119
レスポンスを早める　128
「選ばれる人」は「何もしないことの罪」を知っている　132
「選ばれる人」は、お金以上に時間を大切にする　137
スマホを活用したスピード術　142
心地よいストレスでスピードを上げる　146
やっぱり几帳面で丁寧で緻密　152
お得感を提供すれば、交渉スピードは上がり、リピーターになってもらえる　157

［第4章］10秒で断れ――「選ばれ続ける人」の人との接し方　

161
チームメンバーで「選ばれる」確率が大きく変わる　164

テイカーの見分け方　170
「選ばれる人」は理不尽にどう対応しているのか　175
非難の衝動　183
「選ばれる人」が激しい嫉妬を受けた時にしていること　187
選ばれる自己紹介　193
モノよりコト、コトよりヒトで勝負する　198
相手に合わせた説得の仕方　203
[第5章] 5年後の自分に相談せよ――「選ばれ続ける人」の考え方　209
「選ばれる人」は、実は「選んでいる」　212
「選ばれる人」は時間軸が長い　221

「君子不占《くんしうらなわず》」という考え方　226
徹底さが導く吸引力　233
コンプレックスは武器になる　239
絶対０度の考え方　244
迷ったら「５年後の自分」に相談しよう　249

おわりに　254

装丁　フロッグキングスタジオ
編集協力　西沢泰生

第1章

300戦無敗のリアル

井下田さん、はじめまして。武井と申します。今日はお時間を作っていただき、ありがとうございます。

とんでもない。仕事でちょうどこちらに来る用事があったものですから。気にしないでください。武井さんの先輩から、お話は聞いてますよ。

そうなんです、大学時代のサークルの先輩が井下田さんの講演会に行って、とても感激したと言ってました。

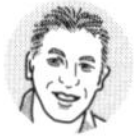

ありがたいお話ですね。その先輩さんのこと、はっきり覚えてますよ。最前列で熱心に聞いてくれてました。私のジョークにも大きな声で反応してくれて。終わった後、名刺交換をさせてもらって、その後、フェイスブックのメッセンジャーでやり取りしてましたが、後輩のことで相談に乗ってほしいと連絡が来まして。

今の会社に入って今度の4月でちょうど2年。私なりにがんばっているつもりなんですけど、仕事がうまくいっている感じがしないんです。面白そうな新企画のプロジェクトメンバーに選ばれている同期もいるんですが、私はそんなレベルになってなくて。ビジネス書を読んだりして努力しているんですけどどうしたらいいんでしょう、という話を大学のサークルの先輩にしたら、井下田さんに相談してみればと言われたんで

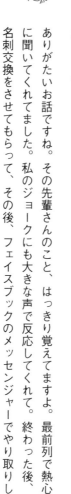

す。で、先輩がすぐに井下田さんに連絡を取ってくれたんです。お忙しいのにすみません……。

いいえ、大丈夫ですよ。お昼ご飯を食べながら、話をしましょう。ここの唐揚げ定食、美味しいんですよ。唐揚げ、食べ放題ですし。

井下田さん、唐揚げ18個も食べるんですか！　お店の人も最初から18個、お皿に載せてきましたね。そういう人として認識されてるんですね。

そうですそうです。ここでは18個の唐揚げを食べる人です。会社では社長ですし、家庭では父親であり夫、講演会では300戦無敗の人。いろんな顔を持っています。

私にとっては、私のような人間の話を聞いてくれる人です。ありがたいです。

人の相談に乗るのが好きなんですよ。

先輩から300戦無敗って聞いていて、とても強烈なんですけど、ごめんなさい、今一つイメージができてません……。

それはそうかも知れませんね。じゃあ、どんな感じで勝ち取ってきたのか、いくつかご紹介しましょう。

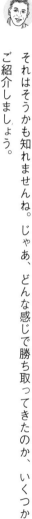

▼「選ばれる人」には戦略がある

努力しても必ず報われるとは限らないという厳しい現代。次のように感じていらっしゃる方は、意外と多いだろう。

「私は『選ばれる』に相応《ふさわ》しい努力をしているし、本番では、その実力も発揮できていると思っている。

それなのに、なぜかいつも選んでもらえない。

一体どうしてなのか、全くわからない。

選ばれている人と何が違うのか？

人には言えないけれど、とても理不尽だと感じている。

このままだと自信を持てないまま、自分を見失ってしまいそうだ……。

とにかく、『選ばれる人』に変わるために、ヒントとか、きっかけがほしい。

そして、『選ばれる人』に生まれ変わりたい！」

その気持ち、よくわかる。

実は、私もかつて、「選ばれない」という地獄のような経験をしていた時期があった。本番のプレゼンテーションで実力を発揮でき、周りの評価も上々。内心、「これは間違いなく選ばれるな」と思っていたにもかかわらず、結果発表では別の人の名前が……。「一体どうして？」と呆然とした。しかも、「選ばれた人」の提案内容を客観的に見ると、どう考えても、自分の提案よりすぐれているとは言いがたかった。

そんな経験をしたことが何度もあるから、「選ばれない人」のやり切れない気持ちが痛いほどよくわかる。

しかし、考えてみれば、オリンピックのような世界レベルのクオリティの場ですら、誤審が生まれたり、印象操作が判定に影響したりすることがあるのだ。

選ぶ、選ばないという場面においては、理不尽なことはある程度はやむを得ないことなのかも知れない。

だからといって、「選ばれないのはおかしい！」と、悔しがっているだけでは、いつまでも「選ばれない人」のままで終わってしまう。

私がＩＢＭという大企業から、わずか社員16人のベンチャーに思い切って転職したものの、突然苦境を迎えて人生の退路を断たれたために、現場の修羅場《しゅらば》に出まくる覚悟をし、結果として３００戦無敗の経験をできたことは「はじめに」で述べた通りである。お客様から選ばれ続けた経験は、大いに自信になったし、私のその後のアクティブな活動に拍車をかけてくれた。

ただここで大事なことは、私は無暗《むやみ》にただ動いただけではないということだ。悩んで迷って躊躇《ちゅうちょ》して動かずにいるより、積極的に動いた方が打開する確率が上がることは間違いない。しかしがむしゃらに動いたところで成功率は決して高くなく、疲弊して挫折《ざせつ》に繋《つな》がる可能性も高まってしまう。

「選ばれ続ける人」が決して口にしないことがある。それは戦略についてだ。口にしないだけで戦略を持って行動を起こすことで、無駄な努力をしないように工夫している。楽をして「選ばれない」ことは重々承知しているので、努力をすることは厭《いと》わないのだが、合理的な努力をしようとしている。

その戦略を口外しないのには、いくつか理由がある。

「企業秘密」だからということもあるだろう。しかしその戦略を持って戦っている当事者から見れば、それほど秘密にしようとは意識していない気がしている。なぜなら、自分だからこそ実行できる戦略であることが多く、他者に真似されても応用が利かないだろうと思っているからだ。もう1つの理由は、戦略を感覚として持っているだけで、明確に「戦略」だと自覚していないことも挙げられる。

私の場合もそうだった。こうやって書籍に記す機会をもらえたことで、あとからあれは「戦略」だったと自覚できているが、戦っている当時は必死過ぎて、言語化できていない感覚の中で戦略を活用していた。

この章では、その無意識に立てて実行していた「戦略」を言語化し、読者の皆さんも活用できるように汎用化《はんよう》して、惜しみなくお届けしたいと思っている。

その本題に入る前に、私自身が「戦略」を感じた事例を紹介したい。

ただひたすらに努力して行動するのではなく、事前にしっかりと戦略を練ることがいかに大事かを痛感させてくれる事例だ。

ルールと本質を知り、えげつなく「勝ち」に走る戦略

最初に紹介する事例は、マーケティングで著名な森岡毅《もりおかつよし》さんが、お子さんの運動会で実際に行った体験談だ。もしかしたら、ご存じの方もいらっしゃるかも知れない。

お子さんの運動会で、お父さんたちが2チームに分かれて、グラウンドに数多く置かれたペットボトルを倒す側と、立てる側となって対戦するゲームを行ったそうな。

決められた時間内に、お父さんたちが必死にペットボトルを倒したり、立てたりする姿を観るのは、ギャラリーとしてもハラハラして楽しいシーンだろう。通常なら応援の声も飛び交い、盛り上がることだろう。

しかし森岡毅さんは、ここで仕事癖が出てしまったのか、戦略を練ってしまった（笑）。それも観ている観客にとってみれば、全く面白くないやり方だ。

森岡毅さんは、このゲームの本質を冷静に判断し、ペットボトルを倒す動作の方がペットボトルを立て直す動作よりも瞬時に簡単にできると、まず理解した。ゲーム開始後、制限時間内でペットボトルを倒したり、立て直したりを両チームで不毛に争うより、制限時

間ギリギリまでは自陣のペットボトルを立てることに集中しておいて、最後の数十秒で合図と共に、一気に相手チームのペットボトルを倒しに行けば、相手チームがペットボトルを立て直す暇もなく時間切れとなると戦略を練ったのだ。

観ている観客は本当につまらなかっただろう（笑）。実際、ブーイングも起きたらしい。しかし森岡毅さんはチームを統率して、確実に勝てる戦略を実践したのである。

事前に状況を分析し、本質を理解した上で戦略を立ててから行動することがいかに大事かわかる事例である。

「選ぶ人」にサブリミナルする戦略

もう1つの事例は、2015年のラグビーワールドカップのジャパン対南アフリカ戦での話だ。

本当にあの時は、日本中がラグビーブームになったほどだったから、ラグビーファンでなくても覚えている方も多いと思う。最後のワンプレイで、日本が強豪南アフリカチームに逆転勝ちした、世紀の大番狂わせと言われたあのゲームだ。

選手たちの見事なプレイにも感動したが、私が一番感心したことは、当時、日本チームのヘッドコーチだったエディー・ジョーンズ氏が、その試合の1カ月前に仕組んだ、「勝つための布石」だった。

彼は、本番の試合の1カ月前に、南アフリカ戦を担当する予定の外国人レフェリーを日本に招き、日本の練習試合で実際にレフェリーをやってもらったのだ。

理由は、「日本チームの低いスクラムを事前に見ておいてもらいたかった」から。

ラグビーにあまり詳しくない方のために、簡単に補足したいと思う。

ラグビーでは、ゲームが途切れて再開する時に「スクラム」という相手8人対味方8人の計16人が塊のようになってボールを取り合うセットプレイから始まることがある。ゲームの起点となるので大事なプレイだ。

このスクラムの押し合いで重圧に負けて崩れてしまうと、怪我を招きやすい危険なプレイだということで、スクラムを崩したチームにペナルティが科せられる。

スクラムでペナルティを取られることは、ゲームの勝敗を左右するほど重要なことなので、スクラムを崩していないのはこちらだと、レフェリーに「選んでもらう」必要がある。

ジャパンチームは、体格がまだグローバルと比較して追いつけていないこともあり、戦略として低い姿勢でスクラムを組むことによって、体格の劣勢を跳ね返す工夫をしていた。

しかし、スクラムが崩れた時に、低い姿勢のチームの方が原因だったのではないかとレフェリーがミスジャッジしてしまう危惧《きぐ》があったのだ。

そこでエディー・ジョーンズ氏は、ジャパンの低いスクラムの姿勢は戦略的なものであり、圧力に負けているわけではないとわかってもらうために、事前にそれをレフェリーの目に焼きつけるために練習試合に呼んだのだった。

決して、えこひいきしてもらおうと媚《こ》びを売ったわけではないところがポイントだ。

正当かつ公正な判定をしてもらうために、正しく選ばれるのに必要な戦略を取っただけだ。この布石が功を奏し、ジャパンチームはスクラムで理不尽なペナルティを科せられることなく、試合を進めることができた。


いかがだろうか？「選ぶ人」にえこひいきが起きないよう事前に公平な立場になるよう効果的に促す戦略。実力勝負で選んでもらいに行く人にとってはとても有効な戦略だ。

このあとお話しする私の「無敗神話」の中でも、この戦略は存分に使われている。

ビジネスコンペで「300戦無敗」を達成してわかったこと

人間が人間を評価して「選ぶ」には、どうしても限界がある。

場合によっては、感情や利権が入ることもあるだろう。

もちろん、「選ばれる」ためには、本番で実力を発揮することは大事だ。その本番でムラなく、いつも最高の実力が発揮できるよう、普段からの努力も大事なのは言うまでもない。

しかし、同時に「その努力や実力を正しく判断してもらう」ことも必要なのだ。

それが正しき「戦略」だと思っている。

次項から4つの戦略を述べるが、努力や実力をいかにアピールしたか、ぜひ学んで欲しい。

選ばれ続ける人がやっていること

行動する前に、まず戦略を練る。話はそれからだ！

▼試食戦略――行動の重要性

私の300戦無敗の体験は、まさにゼロからのスタートだった。

まず持ち球がなかった。つまり売る商品がなかった。あるのは作りかけていたプロトタイプ（半製品）だけだった。デモとしては見せることができるレベルまでは出来上がっていたが、まだ出荷もできないほどのものだった。

信頼もまだなかった。わずか数十人のベンチャーで既存顧客も少なく、ほぼ新規開拓に近い状況だった。

リソースも限られていた。営業もたったの5人程度。マーケティング系も数人いたが、現場に出てこのプロトタイプを説明できるのは、ほぼ私だけだった。ただ社員の半数近くは開発部隊で尖《とが》った人材が揃っていたので、これだけが武器と言えば武器だと感じた。

救いは、この切羽詰まる状況になるまでに、販売代理店契約を多数の会社と交わしていたことだろう。まだ資本金が潤沢《じゅんたく》にあり、やろうとしている内容も先進的な技術で、将来性あるベンチャーとして見られていたので、会社立ち上げ当初から、販売代理店の契約を多数のＩＴ会社とできたので、お客様を紹介してもらいやすいところは救われた。ただし、もちろん販売代理店も、このプロトタイプの説明はできないので、お客様の紹介だけしてもらい、その後の営業活動はすべて限られたこちらの社員でしなければならなかった。

こんな文字通りゼロからのスタートで、よくお客様から選ばれ続けたと思う。しかも競合相手は、マイクロソフトや、大手外資系企業など、規模も馬力もある相手に勝たなければならなかった。

切羽詰まったこの状況で立てた「戦略」が、幸運にも間違っていなかったということなのだろう。

私が最初に立てた戦略は、「試食戦略」だ。

この戦略が成功したことで、コンペにさえ持ち込めれば、絶対負けることなくお客様に選んでもらえるという自信に繫《つな》がった。

「試食戦略」とネーミングを付けてしまうと、「なぁんだ。当たり前じゃないか」と思われてしまうかも知れない。しかし意外と奥が深い。

デパ地下に行けば、食料品売り場でよくやっている試食コーナーが、まさにそれだ。味に自信があれば使える戦略である。

しかし私が実施した「試食戦略」は、デパ地下のそれとはちょっとだけ異なる。試食に立ち寄ったお客様の味の好みを理解し、お客様ごとに味付けを変えて提供する戦略のことを指している。個別にカストマイズするので、すごく手間と時間がかかる戦略だが、確実に「選ばれる」戦略でもある。

私は営業や販売代理店の人と、積極的にお客様に出向いた。エンジニアだったらまだ登場しなくても良い初期フェーズから顔を出して、お客様の悩みを聞くことにした。そしてここが一番大事なのだが、お客様が一番困っている生データをお借りするお願いをして、その生データを使ってそのお客様専用のデモプログラムを作り、お客様に「試食」してもらったのだ。

他の競合会社のエンジニアもデモを行っていたが、それは汎用《はんよう》的なデモだ。どのお客様にも見せられる同じデモだ。効率は良かっただろう。

しかし私は、お客様の持つ生データを使ってデモを行い、しかも一番解決したいと思っているデータを扱ったので、お客様からしたら、自分の悩みが解決できることを目《ま》の当たりにすることになる。言うまでもなく、目の前で解決するデモを見たら、100%お客様は選んでくれるわけだ。

ただし、ここで1つ大きな問題があった。

それは、お客様ごとに個別にデモを作らないといけないので、多大な手間と時間がかかることだ。しかもこちらは私1人。競合会社は複数のエンジニアがいる。

この問題を解決するために私が選んだ戦略は、かなり大胆だ。

一般的な販売活動では、デモを見せる前に、まずお客様の悩みを解決するソリューション（解決策）をエンジニアの立場で紹介するのが常だが、私は大胆にもそこを割愛し、お客様に競合会社を紹介したのだ。

競合会社を自ら紹介してしまうなんて、あり得ないと思うかも知れない。

しかし営業ではなくてエンジニアの私が紹介することで、お客様は私を信頼してくれる。

私が紹介した競合会社からの説明を聞いたあとに、「さて、あなたはどう提案しますか？」

と私に戻って来てくれるのである。私が初期フェーズに、営業と一緒にお客様を訪問するようにしたもう1つの理由がこれである。

競合会社がソリューションの説明をしている間に、私は自社内で預かったお客様の生データを使ったデモを作り込み、足りない時間の帳尻を合わせた。そもそもソリューションの段階では、自社であろうが競合会社であろうが基本的な部分は変わらないので、敢《あ》えてそこで手間を取る必要はない。むしろ汎用的な部分を競合会社にしてもらったあとに、自社のオリジナルな部分だけをあとから説明した方が効率良いとも言える。そして生データを使ってデモを行い、お客様の目の前で解決するシーンを見せるので、100%選んでもらえることになる。

この事例から学べることは、勝つために特別な施策をしようとした時には、必ずそこから誘発されるネガティブな側面も出て来るということである。私の例で言えば、生データを使った効果的なデモを作るために、大幅に時間が足りなくなるところがそれだ。そういったマイナス面も想定した上で、それをもカバーする手立てを考えるのが戦略というものなのだ。

「試食」をしてもらうという戦略は、非常にオーソドックスだが、抜群に効果的だ。扱っている商材や、自分自身に自信があるのなら、ぜひ使ってみて欲しい。強みを活かした王道の戦略となるからだ。

ただしそれを実施する上で、同時に多大な手間がかかるという覚悟も認識しておく必要がある。手間がかかる。すなわち行動である。好きな作業なら、その膨大な手間も苦にはならないはずだ。

効果を発揮する「戦略」というのは、行動を伴うものだと心得た方がいい。努力なしに「選ばれ続ける」ことは不可能である。

ただし「戦略」があれば、その努力を「合理的」にしてくれるのだ。

選ばれ続ける人がやっていること

効果的な戦略には手間がかかる。面倒だからこそ、敢えてやる！

▼帳尻合わせ戦略――スピードが大事

弱者はスピードで勝負するしかない。

物量作戦では大手競合に負けてしまうし、認知度でも圧倒的に不利だ。小回りが利くところでアドバンテージをPRするのが、選んでもらうための大事な戦略となる。**大手競合は、逆に守るものが多く、変更を要する決定には時間がかかる。**そこを狙うのだ。

ベンチャーにいた時、例のプロトタイプが製品化を迎え、その製品を紹介するセミナーを開いたことがあった。この時は多業種から多数のお客様が聞きに来てくださっていたので、さすがの私も汎用的なデモを披露して1時間ほどプレゼンした。

セミナー終了後、あるお客様が私のところに名刺交換しにやって来た。名刺を見ると有名な大手商社だ。肩書きもキーマンのようだ。話を聞いていると、どうやら外資系大手の競合会社の製品導入を既に決定していて、その製品の使い方を覚えるセミナーの申し込みも済ませているとのこと。

　そこまで段取りが進んでいるのに、なぜ今日のセミナーを聞きに来たのだろうと不思議に思ってさらに聞いてみると、どうやら本当にやりたいことが現状ではできないようで、その外資系競合会社に製品の機能改善要求を出しているとのこと。しかし大手会社の製品であることや、外資系なので機能改善要求の返事をもらうためには、海の向こうの本社の承認が必要になり、なかなか返事がもらえずにイライラしていた状態だったらしい。

　そのキーマンが「この機能、あなたの会社では対応できますか？」と私の目を見据《みす》えて聞いて来た。まず私の心の中で、「そのぐらいの機能なら、うちの開発陣ならすぐに対応できそうだな。でも一応、確認しなくては」と思った。

「わかりました。たぶん、ご期待に添える要望だと思いますが、念のために開発チームに確認してから、すぐにお返事するようにしますね」と、そのキーマンに即答した。

　そこから本領発揮である。弱者ならではのスピードの利を活かした。早速開発陣と打ち合わせをして、要望対応可能の返事をもらい、その日のうちにお客様に「対応可能です」とメールで返事を入れた。通常なら、まず営業部門内でそのリクエストを開発部隊に提案するための承認をもらうだけで1週間くらいかかり、そこから開発部隊に対応可能かを確認してもらうために数週間かかってしまうものである。外資系の会社だと、開発部隊は海外となるので1カ月くらいお客様を待たせてしまうことは多々起きるわけだ。それを1日足らずで正式な返事をお客様にすることは大いなるメリットとなる。

これは私の体験から言えることだが、**いいお客様と出会うと、リズム感が格段に変わることを実感できる。**お客様からもすぐに返事が来た。

「わかりました。導入予定だった製品の購入はやめることにしました。いま、セミナーのキャンセルも入れました。あなたに賭けることにしました」と、どんでん返しの結果となった。既に夜中の12時を回っていたが、その日のうちに再度私からお礼の返事を入れたのは言うまでもない。

このお客様とは、その後も長い付き合いとなった。

商社だったこともあり、「自社で使うだけでは勿体《もったい》ないので、販売代理店契約もしたい」と打診があり、優良なパートナーになった。

蛇足だが、後日私がこのベンチャーを去ることになった時、わざわざ私のために歓送会まで開いてもらえた。

私は、講演の依頼を受けることが非常に多い。年に100回くらい受けることもざらだ。講演依頼を仲介してくれる業者経由で依頼が来ることが多いのだが、私はいつも即答で「受けられます」「その日はあいにく空いておりません」と返事をしている。講演が終わったあとも、帰りの新幹線で結果報告を入れている。

調べてみると、最近は講演をする講師の登録は膨大にあるようだ。仲介業者から見たら、膨大な講師陣の中から私を選んでくれていることになる。

ある日、不思議に思った私は、ある仲介業者に「なぜいつも私に声をかけてくださるのですか?」と聞いてみたことがある。

返事は、「もちろん講演の評判がいいことも大きな理由ですが、何よりもいつもすぐにお返事がいただけるので、こちらとしても大変助かるのです」とのことだった。

スピードは大いなる価値になる。弱者が利用しない手はない。

スピード感ある柔軟な動きは、相手から信頼され、「選ばれる」ことに直結する。もちろん、スピードを上げるために、いい加減な対応をしてはいけない。丁寧にスピード感を落とさずに対応するべきである。

スピード感があると、実はもう1つ良いことは、付き合う相手の質も上がるということだ。できる人は決断が早い。これは私が長年数多くの人と出会ってきて、感じている共通の特徴だ。日頃から関心を持って情報を集め、整理しているからこそできることだろう。

そんな良い人たちと出会って、選んでもらうには、こちらもスピード感を持って、真摯《しんし》に対応することが肝心である。

選ばれ続ける人がやっていること

仕事の返事はOKもNGも即答で。

▼アドバイザー戦略　人との接し方が大事

ＩＢＭに在籍していた時に、すごい先輩がいた。

その先輩は営業職なのに、全く営業をしないのだ。やっていることは、お客様と真摯《しんし》に向き合い、ＩＢＭの利益になるならない関係なしに相談に乗ってあげて、解決に向けて奔走しているだけなのだ。「こんな綺麗《きれい》ごとを地で行ったようなことをしていて、営業として成り立つのだろうか？」と周りからも心配されていた。

ところがである。期末になると、お客様がその先輩の営業を心配し始め、「目標達成まではあといくら足りないの？」と聞いて来て、毎期目標を達成する営業パーソンになったのだ。

もちろん、利他の心だけですべてが上手くいくような綺麗ごとでは済まないとわかっている。彼にも彼なりの戦略があり、売りたいソリューションは自然なタイミングで、さりげなく紹介していた。ただその売り込みの活動が全く嫌味には感じなくなるほど、お客様に対しての親身な姿勢がオブラートの役割をしていた。

私がベンチャーで修羅場《しゆらば》を迎え、営業に同行して数多くのお客様と会っていた時に、売り込みたくなる逸《はや》る気持ちを抑えるのは大変だった。

そんな時は、その先輩を思い出し、お客様から見て私が「売り込みに来る営業を支援するエンジニア」とはならないように気を付けた。むしろ、「この人は、持っている技術知識を活用してこちらの難題を解決してくれる頼りになる人だ。営業しないし、売り込みもして来ないから安心して相談できるな」と思っていただけるよう、自分の欲望を切り離して接するよう心がけた。

人間には「返報性の原理」という心理がある。してもらったことは、いつか返したくなる。それが人間であることの素晴らしさの1つだと思っている。損を覚悟で、こちらから価値を提供していれば、忘れた頃に返って来るものなのだ。例えるならば、プールで水面を押した時と同じだ。水面を押すとプールの端まで波が行き、反動となって波が返って来る。

現実の世界では、すべての波が返って来るとは限らない。感覚的には、「1勝9敗」の覚悟は必要だ。しかし忘れた頃に返って来る波は10倍以上大きく、喜びを感じる。

お客様の悩みを真摯に聞いていると、見えて来るものがある。それはお客様自身も見えていない潜在的なニーズだ。

「自分で自分のことはよくわからないが、他人のことならよくわかる」とよく言われる。まさに立場が違う私がお客様の悩みを聞くことで、本質的な課題を見つけやすくなるのだ。

ＩＴの専門的な話になり恐縮だが、ベンチャーにいた時お客様から、「うちのこのファイルをデータベースに入れたいのだが、いい方法はないだろうか？」とよく相談を受けた。特に多かったのが、ＣＳＶファイルと呼ばれる、カンマで区切ったテキスト形式のファイルをデータベースに挿入するニーズだ。

もちろんそれができる製品を売っていたので、すぐに提案することもできた。そして競合会社においても同様だった。

しかし私が競合会社と違っていたのは、お客様の本当の悩みを見つけるまでは提案を控えたことだった。もし私がお客様の相談を鵜呑みにして、ＣＳＶファイルをデータベースに挿入できるツールの提案コンペにしていたら、それは性能や価格競争になってしまい、勝てるかどうかは確率に依存する場になっていたはずだ。むしろ、競合会社は大手が多かったので、値引きやサポート体制等々で負け試合を増やしてしまったことだろう。

私がやったことは、お客様のアドバイザーとなり、お客様もまだ気づいていない潜在的なニーズを見つけることだった。

お客様の要望として、CSVファイルから移行したいという声が多かったのは、実はその前段階として、エクセルファイルが多くて困っているということに私は気づいた。

エクセルはとても使いやすく、ITに詳しくない人でも便利に使っているツールである。ところが吐き出されるエクセルファイルは特殊フォーマットなので、そのあと別のツールでの再利用が難しいと思われている。そこでほとんどのお客様は、再利用するために、エクセルからCSVファイルの形でアウトプットしていたのである。つまりお客様が本当にやりたかったことは、たくさんあるエクセルのデータをそのままシステムで再利用することだったのである。そして私が提案していたツールは、エクセルファイルにも対応していた。

私がお客様に、「エクセルからダイレクトにデータベースに落とし込めます」と言うと、目を丸くして驚いていたし、それができると知ってしまったお客様は100%、私が提案するツールを買ってくれた。

ダメ押しで「ついでにツールから自動でメールでも送れますよ」と言うことで、お客様はたいそう喜び、私のコンペ勝率をさらに上げてくれた。お客様の概念では、メールは人間が手で書いて送るもので、まさかツールから自動で送れるとは夢にも思っていなかったのだ。

そう、お客様は「それはきっとできないであろう」と思い込んで諦《あきら》めていることが意外に多いのだ。

潜在ニーズに気づいてあげるという行為は、相手に選んでもらう上で、とても大事なことだ。今後ますます重要になるだろう。これは仕事においてはもちろんのことだが、個人との付き合いでも言えることだ。

信頼された先にある、さらなるアドバンテージ

目先の利己を抑えて相手にとって真のアドバイザーに徹して信頼を獲得すると、結果的

にさらに「選ばれる」ようになる。相手にとってのコンサルタント的な立場になれるのだ。

お客様は悩みや問題を抱えているが、解決策となるソリューションの専門的なことには詳しくない。どういう基準で選んだら、正しく公平に、自分が望んでいたものを得ることができるか、それも正確にわかっていないことが多い。

相手を「選ぶ」より前に、相手を「選ぶ」ための「選択基準」を教えてくれる人を求めているのだ。だから、その立場の人間としてこちらを認識してもらえれば、大いに有利になれるわけだ。

価格だとか、性能だとか、サポート体制、豊富な機能、カストマイズ性など、いろいろな基準を設けて比較表を作り、そこに競合メーカーの製品を並べて、○×を付けて、製品を選ぶ。上司に承認してもらう際にも大事な資料となる。ところが、この一見公平そうに見える比較表も、基準となる項目や、優先順位を変えるだけで、いかようにでも結果を変えることができる。

だから、お客様に選んでもらうためには、比較表作成の段階から参加できることが大事な要件となる。

私が競合会社のエンジニアと違って、初期の段階から営業と同行するようにしたのには、この意味もあった。つまりサポート体制を気にしているお客様においては、そこを詳しく書いた比較表になるよう誘導し、豊富な機能重視のお客様には機能を羅列した比較表になるよう誘導し、自社が自然と選ばれる比較表を作らせることに成功したわけだ。

信頼を勝ち取れれば、長期にわたって「選んでもらえる」ようになる。目先の「勝ち」よりも、焦らずに相手を観察して、潜在ニーズを見つけられるほど真摯になって、真のアドバイザーになることを目指そう。

もちろんこの戦略も、信頼を勝ち取るためには多大な努力を要する。しかし、これも合理的な努力だと理解しておいた方がいい。

選ばれ続ける人がやっていること

損を覚悟で価値をどんどん提供する。

▼根性論戦略　考え方が大事

「はじめに」にも書いたが、私がコンペで300戦無敗を達成することができたのは、偶然の結果だと思っている。もちろん、勝率を極限に上げるための工夫はしていたし、それを言語化して本書を書いているわけだ。

しかし、中には負けると覚悟した案件もあった。要望がシンプル過ぎて、「試食戦略」も「帳尻合わせ戦略」も「アドバイザー戦略」も使えない競合案件の時もあった。

私が「これは、負ける！」と思った時の競合案件の話をしよう。

そのお客様の要望は極めてシンプルだった。ありがちなCSVファイルをデータベースに入れたいが、該当するCSVファイルが膨大《ぼうだい》にあるので、とにかく性能が高いツールを使いたいというものだった。私が期待するような、裏側でエクセルファイルがあるのではないかとか、他にももっとやりたい業務があるのではないかといった要望は一切なく、単にツールのスピード勝負で、最も速いツールを選択するということで、私がいた会社にも声がかかったのだ。

都合が悪いことに、ツールのスピードが最も速いだろうと思われていた競合の製品は、既にお客様から声がかかっていて、ベンチマークテストが済んでいた。私は、この競合製品のテスト結果よりも良い結果を出さないと選んでもらえない状況だった。

ある日、お客様を訪問し、テスト環境を貸してもらい、そこに自社製品をインストールしてテストが始まった。しかし悲しいことに、どのテストケースを試してみても、その競合製品にスピードで勝てないのだ。苦肉の策で、機能的なメリットや、柔軟性や便利性を訴えようとしても、お客様はスピード重視の一点張りで耳を貸してくれない。

私は覚悟を決めて、ベンチマークテストに挑んだ。唯一幸運だったのは、ベンチャーだったので足回りが良かったことだ。逐次《ちくじ》、メールや電話で開発部隊に状況を連絡し、アルゴリズムを修正してもらって数時間後には改善したプログラムをインストールし直してテストできたことだ。

しかし、いくらプログラムを改善しても、競合先の製品にはスピードで勝てなかった。この時私は、「ああ、この案件は負ける！」と感じたのを明確に覚えている。

それでも諦めが悪い私は、夜通しで改善とテストを繰り返した。開発陣にも徹夜に付き合ってもらった。お客様も往生際《おうじょうぎわ》が悪い私に呆《あき》れて「お先に！」と先に帰ってしまった。

ようやく夜中の2時頃に、たった1ケースだが、競合会社に勝つテストケースを作ることができた。これは内緒の話だが、私が想像するに、きっと開発陣がそのテストケースだけは速くなるように細工してくれたのではないかと思っている（笑）。

他の多くのテストケースでは競合会社に負けていたが、それでも勝つケースを見つけた（作った）私は、夜中の4時くらいにレポートを書いて、お客様にそのメールを送って帰った。

結果は、お客様から選んでもらえた。

営業経由でこの結果を聞いた時は、心底驚いた。冷静に考えれば、勝てる要素がなかったからだ。そのお客様とはその後も長くお付き合いが続いたが、後日お客様から、なぜ選んでもらえたかを聞くチャンスがあった。

お客様いわく、「スピードは確かに競合会社のツールの方が速かったが、五十歩百歩の世界だった。業務の遂行上は、どちらの製品を使っても問題ないことがわかった。重要視したのは、あなたの根性だった。今後いろいろな変化が起き、新たな要望が起きた時に、真摯に対応してくれるパートナーと付き合いたかった。あなたなら信頼できると思った」と、暖かい言葉をかけてくれた。私は熱くなった目頭を必死に押さえた。

きっと営業が根性を出しても、それは当たり前と思われたかも知れない。案件が取れようが取れまいが給料には影響ないだろうと思われるエンジニア職の私が必死に努力をしたから、お客様の琴線《きんせん》に触れることができたのだと思う。

ど素人でも1000人集めることができたコンサート

仕事以外の話もしよう。

私は、ITは詳しいが、音楽は全くのど素人だ。そんな私が音楽のコンサートをプロデュースしたことがある。それも1000人規模のコンサート会場を借りてだ。今思えば、不可能なことをよくやったなと思う。コンサート会場を予約して、共演してくれそうな演者を見つけ出して説得して、集客をしてと、あらゆることを体験したが、準備していく過程で、専門の方々から、いろいろな意味不明な質問を受けた。「PAはどうするのですか?」「舞台監督は誰ですか?」と。

私は「PA」も「舞台監督」も初耳で、何を質問されているのかもわからなかった。それほど、ど素人だったのだ。

しかも、そのコンサートの主役は17歳の無名の女子高校生だった。10代の無名の子の歌声を聞きにお金を払って来る人がどれだけいるだろうか。唯一、集客に繋《つな》がる情報として使えるかなと思ったのは、その子が全盲だったことだ。ただ、同情を買って集客することもどうかなと思い、結局パンフレットには「光を超えて」と表現して、全盲のことには触れなかった。さらに逆風が吹いたのは、会場の予約が取れた日が、12月24日、つまりクリスマスイブの日だった。多くの人が特別な予定を入れる日だ。

インフルエンサーの知り合いもいない私は、ただただ1人ずつ集客するだけだ。普段は参加しないだろうイベントにも積極的に参加し、自己紹介の場では必ずそのコンサートの話をして宣伝して回った。

結論を先に言うと、1000人集めて大成功させることができた。同情して来てくれた人も多かったかも知れない。しかしあのクリスマスイブの日に起きたことは、17歳の女の子が来場者1000人にクリスマスプレゼントをしたことだ。コンサートが始まって、1

曲目から1000人の涙腺が緩んでいたのを私は舞台裏から覗くことができた。

人から選んでもらう時、最後に見抜かれるのは、その人の姿勢だと感じる。諦めずに信じたものに向かって進むその姿は共感を呼ぶ。

このコンサートの例で言えば、きっと自分のコンサートだったり、利益を生むプロデュースだったりしたら、これだけ集めることはできなかったことだろう。純粋に、彼女の歌声が透き通っていて、これを多くの人に伝えて感動してもらいたいという私の思いが情熱となって響いたのだと思われる。

「選ばれる」ことを望むなら、自分の心の中を覗くことも大事である。軸のぶれないしっかりした考え方を持つことが重要である。これについては第5章でいろいろ述べたい。

選ばれ続ける人がやっていること

結局、諦めないことが大事。

第2章

2種類の目標を立てよ

――「選ばれ続ける人」の行動

井下田さんが選ばれ続ける人だということが、なんとなくわかってきました。具体的な例、面白いです。

ありがとうございます。

どれも実話というのがすごいですよね。最初に出てきた「試食戦略」のエピソードで、行動が大事なんだと思いました。プレゼン相手に試食してもらうためにデモを作るという行動、そのための時間を作るために競合相手を敢えて紹介するという行動。いずれも、お聞きしてとても納得できました。

どんなに優秀な商品でも、その存在が他人に知られないと始まりませんから。そのために大事なのは、まず、行動ですね。

なるほど。ただ、それはとてもよくわかるんですが、行動と言われても……。

ええ、おっしゃりたいことはよくわかります。行動と言われても何をしたらいいんですか、わかりませんよ、という話ですよね。無駄なことをしても勿体ないですから、戦略的に、うまく行動したい。私は「合理的な努力」と呼んでいます。

学生時代の同級生で、単語カードを熱心に作っている友達がいました。ある時、見せてもらったんですが、びっくりしました。英和辞書の日本語訳を全部書き写しているんです。でも、試験に出る意味なんて、その中のごく一部なんですよ。つまり、覚えなくちゃいけないのは英和辞書の中のごく一部でいいはずなんです。じゃあ、どの部分を書き写して覚えるか。英語の勉強も仕事も、そこがポイントなんでしょうね。

単語ノートかあ。仕事のための単語ノートがあるとして、そこに何を書けばいいのか、教えてください。

はい、お任せください。2つの目標の話や予期せぬ出来事が起きた時の対応、相手の目を見てプレゼンする本当の理由、そういったことについて説明しましょう。

よろしくお願いします。

あ、そうそう、武井さんはパソコンのブラウザは何を使っていますか？　そこから、その社員の優劣がわかる、という調査があるんですよ。

なんだか面白そうな、怖そうな話ですね。詳しく聞きたいです。

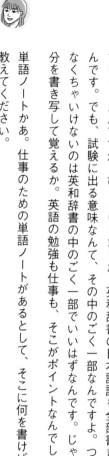

▼「ブラウザは何をお使いですか？」という質問に隠された深い意味

人事面接の場で実際に起きた、２つの事例を紹介したいと思う。

１つは私が実際に体験した話で、もう１つはある文献から見つけた話である。どちらも意外な結果が待ち受けていて、示唆《しさ》に富んでいる。

人事面接の場は、まさしく本書のテーマである「選ばれる」に相応しい臨場感ある場だろう。人事面接を受けに来た「選ばれたい」人から見たら、人事部や面接官がどんな視点で選んでいるか、すごく気になるところだと思う。

ただ面接する側の気持ちから見ても、「どういう人を選んだらいいのか」は大いに迷っていて、効果的な面接方法を知りたくて迷走しているのが正直なところだ。

先日、ある有名な人材派遣会社主催のセミナーで、人事面接をどうやったらいいかのテーマで講演依頼をいただいたことがあった。驚いたことに、人事部長の面々が１００人以上集まって、必死にメモを取っていた。

みんな心の中では思っていることなのだが、たかだか30分や1時間の面接時間では、相手のことを見抜いて「選ぶ」なんて無理だとわかっているのだ。そんな短時間では、いくらでも着飾って優等生な回答を返して来る。

「入社志望動機について教えてください」

「あなたの長所と短所は何ですか？」

「前職はなぜ辞めたのですか？」

こんな質問は、だいたいどこの会社でもして来る質問だが、当然、面接を受ける側は見事な答えを用意している。こんなわかり切った質問にさえ回答できなかった人を落とすくらいの判断材料にしかならないわけだ。

つまり人材を2：6：2の法則で分けたとすると、下位2割の人材を見つけ出す質問にしかなっていないわけだ。しかし「選ぶ」側が知りたいことは、上位2割を見つけられる質問だ。もっと意表を突く質問をしなければならないだろう。

さて、2つの事例のうち、私が体験した話からしよう。

ビッグデータ分析でわかった意外な相関関係

私が一部上場企業で、ソフトウェア開発の責任者として役員をしていた時のことだ。ある日、人事部長から相談があった。私が得意としているビッグデータの技術を駆使して、どういう人材を選んだら良いのか指標を見つけて欲しいというのだ。

「こういう特徴の人を選べば、能力が高く会社に貢献してくれる」

「こういう人を選んでしまうと、伸び悩み、すぐに会社を辞めてしまう」

そんな傾向を見つけるヒントが欲しいということだった。

社員は約2700人いて、膨大な人事データがあって分析には十分な量であった。人事上のデータ以外にも、「SPI」と呼ばれる性格分析に似たような適性判断をするテストを面接前には実施しており、そのデータも加味して、総合的に相関関係を見つけようと取り組むことになった。

ところがいくら膨大なデータを分析していっても、相関関係が出てこない事態となった。

「学歴で差が出ないだろうか」「我慢強いとか、リーダーシップがあるなどの性格や適性から差が出てこないだろうか」「持っている資格や能力から差が出てこないだろうか」と、様々な切り口で分析したが、面接を受けに来る候補生のデータから有能な人を探しあてる切り口を見つけ出すことができなかった。

しかし、たった1つだけ有意な相関関係を表す切り口が見つかった。これを見つけた時は、想像してなかった視点だし、意外だったため、人事部にどうやってフィードバックしようか、悩んだほどである。

その唯一見つけた有意な相関関係とは、「面接官」だったのだ。

つまり、ある面接官が採用した社員は有能な人が多いし、会社に貢献してくれるが、ある面接官が採用した社員はすぐに辞めてしまいがちというような傾向が表れてしまったのだ。

面接を受けに来た人側ではなく、面接する側に問題があったというわけだ。

人事部に嘘を言うわけにもいかず、結局素直にその結果をフィードバックして、対策としては、その会社では面接官の育成プログラムを走らせることにした。

私は多くの企業から相談を受ける環境に恵まれたので、この意外な体験は、決して特別なことではなく、実は多くの企業でも同様のことが言えるのではないかと感じている。「選ぶ」「選ばれる」の話をしている時に、「選ばれる」側の工夫よりも、「選ぶ」側の見る目の育成の方が重要だということだろう。

なぜ「ブラウザ」が大事なのか

さて、2つ目の事例は、もっと衝撃的だ。

先ほどの私が体験した人事データは、2700人のデータだったが、こちらの事例は5万人のデータから導き出された意外な事実だ。

私の時と同様に、膨大な人事データを活用して、ビッグデータ分析を行ったそうな。これもまた私の時と同じように、いくら分析しても、有意な差が出る相関関係が出てこなかったらしい。学歴や性格、能力、資格、あらゆる切り口で見ても相関関係が出てこない。

しかし唯一見つけた相関関係が、意表を突くものだったのだ。

使っているブラウザによって、その社員の優劣がわかるというものである。

「本当だろうか⁉」と疑う項目である。「ブラウザなんて、どこのツールを使っても同じようなものではないか」と言いたくなる。

もう少し具体的に説明すると、ＩＥやＳａｆａｒｉを使っているユーザーよりも、ＣｈｒｏｍｅやＦｉｒｅｆｏｘを使っているユーザーの方が、勤続期間は15％も長いし、欠勤日数も19％少なく、また生産性も明らかに高い傾向が出ていたというのだ。

この結果を聞かされても、まだ信じられない私がいた。きっと読者の方も、まだ同じ気持ちだろう。

しかし、もう少し深掘りさせて、その裏の心理を知ることで、「なるほど！」と思わされることになる。

ＩＥやＳａｆａｒｉは、パソコンやスマホを購入した時に、デフォルトで既に導入されていて、買ったその場から使えるブラウザである。逆にＣｈｒｏｍｅやＦｉｒｅｆｏｘは、自分でググッて見つけて、ダウンロードして、インストールしないと使えないブラウザである。この特徴の違いを聞いて、初めてユーザー心理の違いに気づくことができる。つまり、前者のブラウザを選ぶ人の特徴は、現状をあるがままに受け入れるタイプだということだ。後者のブラウザを選ぶ人の特徴は、**常に何かもっといい方法はないかと模索し実践するタイプ**だということだ。

20世紀は、上から言われたことを素直に実践できる人が有能だと認められた時代だったかも知れない。しかし**激動の21世紀では、言われたことをそのまま実行するだけじゃなく、各自が変化に対応して、上からの意図を理解しながらも、独自に判断して最適解を見つけようとする姿勢が求められている。一言で言うと「能動さ」が求められる時代なのだ。**

この「能動さ」を見つけるためのわかりやすい質問が「ブラウザは何を使っているか」だったのだ。

選ばれ続ける人がやっていること

現状で満足せず、常に最適解を探している。

▼庭を整えたら蝶が向こうからやって来る

「選ばれる」人は、どのタイミングで勝負しているか、ご存じだろうか。「選ばれる」人を見ていると、次から次へとどんどん選ばれていくことが多い。そのスピード感たるや凄まじいほどだ。

「選ばれない」人からしたら、「選ばれる」ために毎回気合を入れて勝負している。それなりに頑張っているのに、なぜか選ばれない。隣で「選ばれる」人がどんどん選ばれ続ける姿を見て、思わず嫉妬《しっと》してしまうほどだ。不公平感さえ感じてしまう。「選ばれる」人は一体どこで勝負しているのだろうかと気になるわけだ。

私はIBM時代に最初の部署異動で、突然お客様の前で講演をする仕事を行うようになった。まだ28歳の時だった。聞き手となるシステム部長からしたら、まだまだ若造に見えたかも知れないが、それでも人気が出て、年に100回くらいこなすようになった。既に30年以上、このペースで講演しているので、少なく見積もっても2000回は優に超えているだろう。

私は人見知りだし、どちらかというと喋りが上手い方ではない。そんな私がどうして毎回選ばれたのだろうか。技術的な話ができるエンジニアは五万といる。私よりも詳しい人も数多くいる。私よりも著名な人も数多くいる。そしてここが大事なことだが、私は自分から売り込んだことがない。


私がやっていたことは、地道な作業だ。そこに答えがあるのかも知れないと感じている。私は誰もができることを誰もができないほど続けていたのだ。ただそれだけだ。

28歳の時に異動して突然、講演を生業《なりわい》にしなければならなくなった時は、必死だった。自分が未熟なことを自覚していたので、講演で足りないところはフォローで補って、聞き手に満足してもらおうと考えた。だからとにかく新聞を読み、お客様の記事を見つけては担当営業に送ってあげた。それの繰り返しだ。

場数を踏み講演に慣れた頃でも、情報提供は惜しみなく続けた。技術雑誌や経済雑誌を読み漁り、要約を周りに送り続けた。

誰もができることだ。そして誰もが無駄だと思うかも知れない作業だ。ただ日頃から、こういう活動を続けることで、私は相手の親身になる人間として、そして最新情報を把握している人間として認知されるようになった。

独立してからも、120人くらいの人が毎年相談に来る。相談に乗ったところで私には得がないと言えばそれまでだが、それでも相手が喜ぶ顔を見るのが嬉しくて親身に相談に乗っている。

そんな献身的な活動は、私自身は、相談が終わった段階ですぐに忘れてしまうことにしている。気は次に向かうようにしている。だから見返りを求めないでいられる。引きずらずに済むので、心の健康にもすごく良い切り替えになっているだろう。

そして忘れた頃に、過去に繋がった方々から声がかかるのだ。

冒頭で「選ばれる人は、どのタイミングで勝負しているか」と投げかけたが、「選ばれる人」は、戦う前の日常で勝負しているのだ。それも無意識に。

「1勝9敗」の現実を受け入れられるかどうか

ただ忘れてはいけないことがある。

「選ばれ続ける人」は、テンポ良く選ばれていっているように見えるので、スピード感があって、傍《はた》からは羨《うらや》ましく見えるが、**私たちは湖面の上の涼しい顔の白鳥しか見ていない**ということを認識すべきである。

湖面の下の足掻《あが》きまで真似できるかを考えてから嫉妬するかを考えるべきである。「選ばれ続ける」人たちは、誰もができることを誰もができないほど続けている。そしてその努力の成果まで考えてしまうと、「1勝9敗」ほどの分の悪い活動をしていることを納得しておかないといけない。損得勘定を気にする人にはできない活動であろう。

こんなデータもある。輝かしい未来を夢見て一発奮起して起業しても、その会社が10年続く確率はわずか6・4%だそうだ。つまり100人がチャレンジしても、94人は挫折するということである。「1勝9敗」以上に分の悪い確率が現実で待っているわけだ。

しかし、「選ばれる人」の思考回路は違う。

失敗率が93・6%でも、失敗することは最初から織り込み済みで50回チャレンジする覚悟で続ければ、失敗する確率は4%を切るようになるのだ。

それなりの勝算があって、でも確率が低いことにチャレンジする時は、続けることでいずれ「選ばれる」ことを知っているわけだ。

話を戻すと、私がいつも講演で声がかかる理由もそうだが、「選ばれ続ける人」は、日頃から種を蒔《ま》いている。それもそうする意図なしに、苦にならない範囲で、「恩送り」をしている。勝負どころがやって来て、そこでいきなり着飾っても遅いのだ。

日頃から庭を整えている人たちなのだ。そうしたら自然と蝶が向こうから来る。

自分が過去に「恩送り」をしたことはすっかり忘れている。だから相手からの幸運なオファーに、「なんて自分はラッキーなんだろう」と素直に喜べる。

成功者たちにインタビューすると、ほぼ必ずと言っていいほど、同じ答えが返って来る。「いや、私は運が良かっただけです」と。その真意はここにある。

選ばれ続ける人がやっていること

50回は失敗するつもりで始める。

▼「選ばれる人」は「結果目標」と「行動目標」の2つを持っている

「強い者が勝つのではない。勝った者が強いのだ」

という言葉が流行《はや》った。

これを「選ばれる」というテーマで置き換えて言うならば、「有能な人が選ばれるのではない。選ばれた人が有能なのだ」ということだろう。

今どきの言葉と言えばそれまでだが、すごく結果志向の強い言葉だと感じる。営業系の職種では特によく言われている言葉でもある。

会社から「結果がすべて」「売った者勝ち」「お客様に選ばれた者が勝ち」と言われ、コンプライアンス違反をしてまでも結果を出そうとした営業を何人見たことか。手段を選ばずに結果にこだわることを強《し》いるから、その場凌《しの》ぎの点数稼ぎに走ってしまう。そうすることで、いつまでもその場を凌ぐだけで実力がつかず、気づいた時には「選ばれない」人間に成り下がってしまう。

嫌というほど、こんなシーンは見かけた。お客様が来季に購入予定だったものを大幅値引きして、無理して今季に購入してもらう。販売代理店に架空に購入してもらい在庫で持ってもらい、来季にはその在庫の消化から始めてもらう、などなど。悪知恵は後を絶たず、悪循環にハマる。

これらの売り方では、その場は何とか「選んでもらえた」としても、長続きはしない。また失敗から学んで成長していく経験もできなくなる。その場だけ「選ばれる」ことにこだわったせいで、そのあとには、ずっと「選ばれない」人ができあがってしまうことになる。

「選ばれ続ける」人になるには、「選ばれない」率を減らす工夫を絶えずしていかねばならない。「選ばれない」経験をした時に反省し、学んで、同じミスをしない人にならなければならない。

仕事でお客様から選ばれる時も、何かのオーディションで審査員から選ばれる時も、好きな異性から選ばれる時も、どんなケースでも同じだが、「選ばれない」体験をした時は、何がいけなかったのかを考え、次のチャレンジでは繰り返さないことが大事だ。

元々目標が高く高望みし過ぎたのか、望んだ通りの実力は発揮できたのに、戦略ややり方を間違えて相手に響かなかったのか、そもそも努力が足りなくて実力が発揮できなかったのか。

どの原因だったとしても「選ばれなかった」結果に凹むだろうが、挫折しないようにしないといけない。

実は「選ばれる」人は、挫折して終わらせないために、目標の持ち方に工夫をしているものだ。

きっと多くの人は、「結果目標」だけを持ち、それを頼りに頑張り、その結果に達したかどうかだけで喜んだり、意気消沈したりしているのではないだろうか。

しかし、「結果目標」以外にも、併せて「行動目標」を用意することで、無暗《むやみ》に意気消沈することを避けることができる。「行動目標」を持つことで、より具体的な反省材料を見つけることができるようになってくるのだ。

1つわかりやすい例で話そう。私が実際に行っていた事例だ。

例えば、あるプレゼン大会に出場して、予選を通過して全国大会に出る目標を立てたとしよう。この時、「予選を通過する」が「結果目標」となる。

多くの人は、この目標を頼りにがむしゃらに頑張ることだろう。そこへ「行動目標」も立ててみたらどうなるか。

「10分のプレゼンだから、丸暗記する」「最初は原稿を読んでもいいから、最低20回は通しで読み上げる」「緊張で頭が真っ白にならないように、知人の前でリハーサルを3回は行う」といった感じで、「行動目標」を立てて、その行動をやり切ることに専念するわけだ。

この「行動目標」を立てることの効果が2つある。

1つは「結果目標」は、他人に「選んでもらえる」ことで達成することが多く、偶然性にかなり依存した目標だということだ。この「結果目標」を実現するために必要と思われる「行動目標」を立てることで、自分だけで実現できる目標に落とし込むことができるようになる。何をしたらいいかも明確になるし、何より他責要素がなくなるので、集中しやすくなるメリットが大きい。

2つ目は、挫折から回避するための心理的効果だ。

励みにするために「結果目標」はとても大事だが、本番が終わり、結果が「選ばれた」にせよ「選ばれなかった」にせよ、自己評価は、「行動評価」と見合わせることが肝心だ。

こうすることで、自分が原因ではない要因で落ち込むことを回避することができる。

また、次回以降のチャレンジに生きて来る。もし「選ばれなかった」としても、もし「行動目標」を達成していたのなら、やるべきことはやったのだから、落ち込む必要はない。

ただ単に「行動目標」の立て方を間違えたのか、実力より大き過ぎるものを目指してしまった「高望み」だったかのどちらかだからだ。もしくは審査員側がダメなだけだったかも知れない。この場合も、目指したものを間違えただけなので、そう落ち込むことはない。

「行動目標」の立て方の間違いだったのなら、無駄に落ち込まずに、次回の対策に役立てることができて、大きな学びとなる。

もし「行動目標」すら達成していなかったのなら、それは自分の努力不足が招いた結果であり、素直に反省をしよう。次回は意志強固に行動あるのみだ。

「結果目標」を目安に頑張り、終わったら「行動目標」で自己評価する。この切り分けが大事だ。

「選ばれ続ける」人がやっていることは、冷静に毎回反省して改善を続けることだ。そのために「結果目標」と「行動目標」の両方を持ち、使い分けているのだ。

選ばれ続ける人がやっていること

「結果目標」で頑張り、終わったら「行動目標」で自己評価する。

▼前に進むためにあえて後退する勇気

「面倒くさい」と感じたなら、それは大きなチャンスが来ていると認識して欲しい。

同時に、その大きなチャンスを見逃そうとしている危険なシグナルでもある。

だからその直後のあなたの行動次第で、その後の人生の景色が劇的に変わることになる。


頑張って手に入れたものは、なかなか手放したくないものだろう。

執着が始まっている。

それは、頑張って成長した過程を楽しむことよりも、結果志向に行き過ぎたせいかも知れない。


ＩＴ業界に長くいる私にとっては恥ずかしい暴露になるが、27歳までは、左右の人差し指2本でパソコンのキーボードを打っていた。

それなりに長くＩＴでの経験を積んで来てしまったので、指2本でもとても速く打てる私になっていた。だからなおさら、タッチタイピング（キーボードのキーを見ないで正確に打つこと）への移行は大いなる後退だった。

それでも一時的に生産性が著《いちじる》しく落ちる覚悟をして、タッチタイピングに挑んだ。

まずはタッチタイピングの基本から学んだ。指と押すキーの配列を覚えることから始めた。そして、画面から目を離さずに、絶対にキーボードを見ないでタイプする練習。下を見たくなる誘惑に負けずに、続ける日々。

ミスタイプしたら後退キーで戻さねばならないが、その時感じるイライラは我慢する。

指2本でのタイプでも何の問題もなかった私には、とても面倒くさいチャレンジだった。

でもある日、過渡期を乗り越える時がやってきた。タッチタイピングを手に入れた私は、それまでの10倍以上の生産性で仕事ができるようになった。

数年前に19キロのダイエットを敢行した時も同じだった。本質を見失わないことを肝に銘じた。つまり結果志向にならないように、健康維持を大前提とした。

だから食事量を減らすことより先に、筋トレを増やすことから始めた。

筋肉が増えるということは体重が増えることを受け入れなければならない。一時的な後退だ。

でもその面倒くさい過程を省かなかったおかげで、超健康体のまま19キロ痩せることができた。


IT業界では賞味期限が35歳と言われていた時代がかつてあった。35歳を過ぎたら転職機会はなくなると言われていた。しかし私は、38歳で人生初の転職をした。

IBMという優良企業で優遇され順風満帆だった私には、キャリアを後戻りさせるのはとても面倒くさかった。

人脈もまたゼロから構築しなければならないし、お作法やツールもまたゼロから覚えなければならない。

すべて新人状態からのやり直しだ。

しかし、60歳で定年を迎えて隠居できる時代は終わりを告げることはわかっていた。定年後も、新たな違うライフスタイルが必要になるとわかっていた私は、どこかの歳で英断しなければならないと感じた。それで38歳の時に、善は急げと勇気ある転職を実行した。

ゼロからの再生体験は大変だが大きな自信になるし、忍耐力もつく。視野が広がり、俯《ふ》瞰《かん》力がつく。

あの時、もし後回しの「楽」な方の選択をしてしまっていたらと思うととても恐ろしいし、敢えて面倒くさい選択をした過去の自分に感謝の気持ちでいっぱいである。

世の中の変革も、自分の飛躍も、その前に一時的な後退の勇気が試される。

それは歴史からも学べるし、冷静に世間を見渡せば、その道を歩んだ人が成功しているのがわかる。

もし目の前に「面倒くさい」と感じることがあったなら、そのシグナルは無視しない方がいい。

進む気のない方向だったら、そもそもやるつもりがないから、「面倒くさい」と感じることすらないからだ。

天使のシグナルが訪れているのだ。

本気度がいま問われている。

あなたには、選べるだろうか？
進むために後退する道を。

選ばれ続ける人がやっていること

面倒くさいと感じたらその気持ちを無視しない。

▼来た時より美しく

「選ばれる人」と「選ばれない人」の差はどこで表れるかご存じだろうか。

それは「終わり」に表れる。特に「選ばれなかった」時の「終わり」によく表れる。

「立つ鳥跡を濁さず」とよく言われるが、「選ばれる人」は美しく終わらせることにこだわりを持っている。それがそのあとの人生に繋がっていくことを知っているからだ。

だから「来た時より美しく」の美学を持っていた方がいい。

この傾向は、恋愛を見ていると顕著かも知れない。

別れ際が醜《みにく》い人は、別れたくないと揉めてごねる。自分を正当化するために、どこかに悪人を作ろうとまでする。下手すると、仕返しをしたり、泥沼の様相を呈したりすることもある。後ろ向きな姿勢が続くため、改善が起きない。だから、運よくまた「選ばれる」機会が訪れたとしても、同じ原因で別れを迎え、それを繰り返してしまう。

別れ際が醜い人は、いつまでも良いご縁がやってこない悪循環となる。

「選ばれる」人は、たとえ「選ばれない」結末がやって来た時でも、気持ちよく去っていく。相手に原因があったり、環境に原因があったりしたとしても、自分がより魅力的になるための方法に集中し、その時の別れを引きずって無駄な時間を作らないようにしている。だから、どんどん良い出会いが増えていく。

私はコンペをしている時、競合会社とも敵対せずに真摯に付き合うようにしている。どんな出会いであれ、出会った時よりは「美しく」ありたいからだ。

「はじめに」でも書いたが、私はベンチャーで300戦無敗を経験したあとに、転職した会社で、ベンチャーで散々負かしてきたコンペの製品を逆に担いで売ることになったことがある。つくづく、喧嘩せずに美学を追求しておいて良かったと思った。

また、こんなこともあった。

いつもお付き合いしているヘッドハンターとは違う、初めてのヘッドハンターから連絡が来たことがあった。誰かが私を紹介してくれたらしい。誰が紹介してくれたのか、尋ねてもなかなか教えてくれなかったが、そこそこ連絡を取り合う間柄になってから後日教えてもらうことができた。なんと紹介者は、いつも戦っていた競合先のエンジニアだった。

もしかしたら、コンペ先から私を排除するための推薦だったのかも知れないが（笑）、日頃から「来た時よりも美しく」の美学を持っていて良かったと感じた時だった。

具体的には、

辛《つら》い時こそ、美しく毅《き》然《ぜん》としていよう。

1．顔は絶対に歪めない、皺《しわ》は作らない。

2．背筋を伸ばして、自分ができることに集中する。

3．辛い時こそ、自分の本質・真実・信頼度・将来性を知ってもらえるチャンスと捉える。

4．愚痴や悪口を言わない。

愚痴や悪口、批判、弱音が、一体何を自分に届けてくれるというのかと心得る。

同情なんて得ても何も解決してくれない。その場凌《しの》ぎの精神安定にしかならない。

同情でその場の精神状態は凌げたとしても、次に同じ状況に陥った時には、また逃げるしか方法がなくなる。

進歩のない生き方で、本当に満足するのだろうか。

「無理しないでね」「頑張らなくていいんだよ」という言葉は、毅然と美しく行動している人にかけられてこそ効用がある。

醜い行動に出たりせずに、美しく毅然としていよう。
醜い相手はどうだっていい。
同じ次元に下がって、自分を歪める必要なんてない。
あなたの美しさを観ている人が必ずいる。

選ばれ続ける人がやっていること

愚痴や悪口は口にしない。

▼「選ばれる人」が大事にしている6つの視点

テレビドラマで、面白いビジネスクイズをやっていた。

ドラマの中での入社面接で、受けに来た学生たちに出題していた問題が面白い。

その問題とは、「1000円のモノを売っていたら、隣で競合会社が同じモノを500円で売り始めた。さあ、あなたならどうするか?」。

学生1は、「価格競争に勝つため、原価を可能な限り抑えて450円で売り出す」。

学生2は、「オマケを付けることによって価値を高め、そのまま1000円で売る」。

学生3は、「隣の競合の500円の商品を(全部)買い取り、そのまま1000円で売る。売り上げや利益が増えるし、競合を潰《つぶ》すことができる」と答えた。

ドラマの中では、学生3が正解だった。でも私は、それは違うと感じた。

たとえば1日に1200個売れる市場だったとしよう。その日のために1000個在庫を用意し、競合も同じく1000個用意したとする。

500円で売る競合の1000個を買い取って、その日のうちに計2000個販売すると、800個売れ残りが発生してしまうことになるのだ。

無尽蔵に売れた20世紀とは異なり、人口減を迎えている日本では価値を提供できなければ売れない時代になってきた。

私が学生4だったら、こう答えただろう。学生2に近い答えだ。

「その商品に意味やストーリーを加え、競合会社とは違うターゲット層にリーチします」

これからの時代にモノやサービスを売って、お客様から選んでもらうためには、価値を創る行動がとても大事になる。この項では、そのヒントをお届けしたい。

さて、お客様に選んでもらうための価値創りについてだが、経営者からもよくこの手の相談をいただく。百戦錬磨の経営者でさえ、大きなテーマであり、模索して悩んでいる大事なテーマだ。

私が経営者から相談をいただいた時には、いつも6つの視点で観察して、価値創りのアドバイスをしている。

その6つの視点とは、「モノ」「カネ」「ヒト」「情報」「時間」「感情」だ。

ドラマで出て来た解決案は、どれも「モノ」「カネ」にフォーカスされていた。

学生1の原価を下げる工夫は「カネ」の視点だし、学生2のオマケを付ける工夫は「モノ」の視点だ。「モノ」や「カネ」は、誰もが考えうる「選ばれる」ための工夫だ。だから、そこで差別化をするのは、だんだん難しくなってきているとも言える。

「ヒト」にフォーカスする発想は、モノやサービスが簡単に手に入るようになったこの時代には、大切な視点だ。レストランに行って、美味しい料理が出てきても、店員の態度が悪ければ二度とその店には行かないだろう。デパートでも店員に丁寧に説明してもらえれば、多少高くてもそこで買おうと思うし、また来ようとも思う。

このクイズの例題でも、販売員のホスピタリティの良さで、十分1000円でも売りさばくことは可能だろう。

「モノ」「カネ」「ヒト」は、従来からよく言われていた視点だが、4番目以降の3つの視点は、ある意味新鮮かも知れない。少子高齢化に転じた日本では特にそうだが、「モノ」「カネ」「ヒト」で差別化しづらくなってきた世の中では、非常に重要な新視点となる。

4番目の視点「情報」は、この情報化社会において、異議を唱える人はいないことだろう。「情報」があるだけで大きな価値を生む無形資産である。

詳細は次項で述べようと思うが、先ほどのクイズの例で言えば、競合の500円の商品にはない有用な情報を付加して販売すれば、1000円に匹敵する十分な価値となって選んでもらえるようになるだろう。

5番目の「時間」も、同様に貴重な無形の価値となる。

「時は金なり」とよく言うが、同じモノやサービスでも早く届けたり、時間短縮の効果をもたらしたりするだけで十分な付加価値となることがある。詳細は第3章で述べる。

最後の6つ目は、同じく無形の価値となるが「感情」だ。繰り返しになるがモノが溢れ、容易に欲しいモノが手に入るこの時代では、「モノ」よりも「コト」を買う時代となった。

「コト」というのはより具体的に言うと、「思い出」や「感動」などと言い換えることができるだろう。その売りたい商材に「意味」や「物語」を持たせることで、大きな価値へと早変わりする。

最後に、息抜きにもう1つ面白かったビジネスクイズを。

商売をしていたら店舗の両隣に競合の店舗が現れ、大きな看板で大々的に宣伝している。さあ、両隣に挟まれた小さめな店舗の店主は店の前にどんな看板を掲げたかという問題。

答えは、「入口は、コチラから」と書いたそうな（笑）。

選ばれ続ける人がやっていること

「情報」「時間」「感情」に注目しよう。

▼「選ばれる人」が大事にしている新たな3つの視点「時間」「情報」「感情」

先日、タクシー業界の人たちと、その業界の未来について語り合う場があった。

タクシー業界に限らずどの業界でもそうだが、これまでのビジネスモデルでは尻すぼみになる危機感を持っていて、変革しようともがいている。

お客様のニーズが変化して来ていることに気づけず、対応が遅れてビジネス機会を失う懸念《けねん》を持っている。厄介なのは、お客様自身も自らのニーズに気づいていないことが多いのだ。いわゆる「潜在ニーズ」というやつだ。自分がどうやって「選んで」いるか自覚していないケースが増えて来た。

タクシーと言えば、こんなイメージを持って利用している人が多いのではないだろうか。

「電車より高いが、ピンポイントで行きたいところの目の前まで連れて行ってくれる」

「見知らぬ他人に邪魔されることなく、快適に移動できる」

「終電後の夜中など、自分の都合の良いタイミングで移動できる」

あくまで「移動」を提供するサービスとして見ている。だから、タクシー側も利用者側も、移動距離＝料金という概念を持っていて、疑っていない。

しかし利用者の動きをもう少し視野を広げて観察していると、面白いことに気づく。

例えばお客様との会合のアポがある時は、遅刻するわけにはいかないので早めに出向く。最寄り駅からタクシーで目的地まで移動し、まだ時間に余裕があるので近くの喫茶店で時間を潰す。そして約束時間のちょっと前になってから、目的地を訪問するパターンだ。

これがもし、タクシーの中で飲み物を提供するようになり、お客様が望む時間までゆったりと走りながら移動してくれるようになったら、どう変わるだろうか？

しかも車内にはＷｉＦｉも通り、車内で誰にも邪魔されることなく、ゆったりとＺｏｏｍ等の動画による会議までできるようになったら、どう変わるだろうか？

つまりタクシーが、「移動する喫茶店」となり「移動するオフィス」となる。

そうなると移動距離＝料金という概念が崩れ、移動サービス付きの「快適な空間による時間サービス」＝料金と早変わりする。

このような変革を起こすことに成功したら、たとえ1000円で提供しているこちらのサービスの隣で、競合他社が500円で売り出したとしても、全く動ずることなく、高い付加価値として提供できる。

前項で、「モノ」「カネ」「ヒト」「情報」「時間」「感情」という6つの視点で考えることが大事だと話した。これはその中の「時間」という視点で価値を創出する1つの例となる。「時は金なり」と言うように「時間」を上手く利用することで大いなる価値になり、「選ばれる」要因になることは知っておいてもいい。

同じモノでも早く手に入るなら倍の値段を払っても良いと思えるものは五万とある。逆の発想で、もし売れ残りそうなものが出てきたら、そのまま売れずに残すより、値引きしてでも売り切った方が全体として得することになる。つまり時間と共に価値は変化するということも理解しておいた方が良い。提供できる時間によって、値上げしたり、値下げしたりすることは、「時間」を活用した価値の提案になる。

同様に「情報」についても同じことが言える。

たとえば行楽地に行って、喫茶店が2つ並んでいたとして、片方のお店には「観光の見どころ情報満載」とあれば、値段が高くてもそちらの店を選ぶだろう。情報のあるなしで、その後の行動の効率が大きく変わるので、大いなる付加価値となる。

6つ目の視点「感情」は、今後最も重要になる視点

もう1つ面白いビジネスクイズがあるので、一緒に考えてみよう。

ぜひ大学生気分に戻っていただきたい。学園祭でペンを売っていただきたいのだ。学園祭では、たこ焼きのように食べ物を売る方が需要が多いだろうが、ここでは敢えて市場が小さく見えるペンを売っていただきたい。しかもこのペンは仕入れると100円くらいするペンだが、これを500円で売らなければならない。さて、あなたならどうやって売るかというのがクイズだ。

私はこのクイズを数千人の経営者に出題してきたが、正解を答えられた人は、今のところわずか2名しかいない。

実はこのクイズは、実際にある大学の学園祭で実験を行って、ある学生グループは、そのペンを500円で売って、バカ売れさせている。

経営者には解けなかったこの問題をわずか20歳くらいの学生たちが解けたのは、先入観にとらわれない発想があったからだろう。

若者たちは、ルールにとらわれず、ターゲット（市場）を変える大胆な試みをし、そして来場者の潜在的な「感情」に気づくことができたのだ。

答えはこうだ。

「このペンを買ってくれたら、2本のペンを恵まれない国の子供たちに寄付します！」というキャンペーンを展開したのだ。

ペンの芯がたまたま切れているとか、義理でペンを買ってくれるという限られた市場に見切りを付けて、「別にペンが欲しいわけではないが、世の中の子供たちを助けたい気持ちを持っている大人たち」という市場に目を付けたわけだ。確かに学園祭にやって来る親御さんたちには、そんな潜在的な「感情」が宿っている人は多いだろう。

「ペンを買ってください」というルールを変えて、「一緒に地球の裏側の困っている子供たちを助けませんか?」というプロジェクトに切り替えたのだ。

ターゲットを変えて、ルールを変えて、視野を地球レベルまで広げて、学生たちは見事にこの難題を克服した。

大事なことは、人間の「感情」には計り知れない「価値」があることだ。

この時代に生まれた私たちは、幸運なことに恵まれた環境で生活ができている。欲しいモノが何でも手に入る時代だ。だから最近の購買傾向は、「モノ」を買うより「コト」を買う傾向が強まっている。「感動」だったり「思い出」だったりだ。

先ほどの「地球の裏側の困った子供たちを助けたい」という気持ちも立派な「感情」で、

その感情を満たすことができる仕組みを見た時に「価値」と認識してペンを買っている。

「モノ」「カネ」「ヒト」「情報」「時間」「感情」の6つの切り口で考えることの重要性を話してきたが、後半3つの重要性が強くなってきている昨今である。特に最後の「感情」はこれからも大いなる動機付けとなるだろう。

この6つの視点で見ながら「価値創出」の工夫ができる人間が、これからの時代、間違いなく「選ばれる人」になっていく。

選ばれ続ける人がやっていること

新たな視点で価値を創出する工夫をしている。

▼予期せぬ出来事への対応

予期せぬことが起きる。

その予期せぬことをどこまで予期するかは、人によって大きな差が出る。

そしてその差が、未来に大きく影響していく事実をどう捉えるか。


例えば、信号が青に替わり、安心して横断歩道を渡り始めたら、よそ見運転のクルマが飛び込んで来て事故に巻き込まれるということが稀《まれ》に起こる。

明らかに予期せぬ出来事だし悲劇だ。

でも、信号が青に替わっても、渡る時に右左を見ながら、速度を緩めずに突っ込んで来るクルマがいないかを確認して渡る人もいる。

私がある日、1000人の前で講演した時のこと。

リハーサルでは問題なかったのに、本番でいきなりプロジェクターが壊れ、用意していたスライドを映し出すことができずに講演をしなければならない事態になった。

まさに予期せぬことで頭が真っ白になった。目の前には1000人の聴講者がいて、普段とは違う大一番の講演だ。

事前に何度も練習して、家でもリハーサルしていたことが助けとなった。話の流れも理解していて、それぞれのスライドで何をメッセージするべきかを覚えていたので、腹をくくって講演を始めた。幸運なことに、途中でプロジェクターは復活して、スムーズに通常の講演に戻ることができた。後日、聴講者に聞いてみたが、違和感なく聞いていただけたようだった。


ビジネスでもスポーツの試合でもそうだが、突然予期せぬことが起きることはよくある。黒字のはずなのに、お金のやり取りで瞬間的にお金が足りなくなって破産しそうになったり、味方の主力選手が怪我をしたりと想定外なことが起こる。

無能でない経営者や監督は、そういう事態を想定して予《あらかじ》め準備しておくものだ。突然収入が途絶えても数カ月間凌《しの》げるように準備したり、代わりの選手を育成しておいたりと、いろいろなケースに備えてシミュレーションしているものだ。

リスクヘッジを常に考えており、プランB、プランCと備えている。映画でもよく聞かれるセリフ「プランBに変更だ！」は、リアルな世界でも登場している。好調・幸運が続く前提の計画を立てている人は、楽観的な人とは言わない。「選ばれる」準備ができていない人のことだ。「選ばれる」人は常に、最高のシナリオ、最低のシナリオ、どちらのケースでも大丈夫なように準備して、維持継続できるよう細心の注意を払っているものだ。

突然、予期せぬ素敵な出会いに遭遇することもある。

これがビジネスなら、いつでも1分で自己PRできるスピーチを用意しているだろうし、これが恋なら、日頃からメタボにならないように自分磨きをしている人がチャンスを見逃さない。

「選ばれる」とは、そういうことだ。

想定外にも対応できる用意ができるかが重要である。

ただし、予期せぬことへの準備はキリがないのも事実だ。どこまで時間をかけて日頃から備えるべきか、後悔しないための「さじ加減」やバランス感覚を養うことも要件だ。

予期せぬことは突然起きる。

その予期せぬことは、気を付ければ予期できたことなのだろうか、やはり予期しようもなかったことなのだろうか。

その予期せぬことは、今後も起こりうることなのだろうか、その1回こっきりで済むことなのだろうか。

その予期せぬことは、被害が出てもリカバリーできることなのだろうか、または取り返しのつかないことになるのだろうか。

先を読むということは、1つの未来を当てるということではない。

起こりうるいくつかの未来候補を、可能性の高いものから順に予測することである。

都度変わるこの状況に、画一的な判断基準で決めてしまう短絡さには気を付けておこう。

予期できぬことを予期しても時間の無駄だよと、悟ったように諦める人にもならないようにしよう。

考える癖をつけておきたい。

動揺して思考停止状態となって、被害を広げて迷惑をかける人にはならないようにしておきたい。

そのためにも日頃の想定内のことが起きている時でも、それが「なぜ」なのかを理解して納得している状態を作り出しておきたい。

再現性や応用性を高めるには、いつも理屈や理由を知っておく必要がある。

「Ｗｈｙ」から始めよう。

先を観よう。

選ばれ続ける人がやっていること

最高のシナリオと最低のシナリオを用意しておこう。

▼相手の目を見るという基本

30数年にわたるサラリーマン生活。その朝の通勤電車の中で、人生で1度だけ、スリに遭《あ》ったことがある。

衝撃的な出来事だった。スラれた瞬間にわかった。咄嗟《とっさ》に振り返ったがダメだった。満員電車の中で、誰が犯人か特定できなかったのだ。しかも駅に着いてドアが開いて降りる瞬間にやられた。人の流れもすごくなり、あっという間に犯人は消え去っていった。

会社に行くのを急遽《きゅうきょ》取りやめ、カード会社や銀行に連絡して、被害届をすぐに出して、被害は現金だけに留めた。

現実は、ドラマで観るスリと大きく違うものだと勉強できた。本人が気づかないようにサッと財布を抜くのではない。気づかれてもいい勢いで堂々と抜いていくのだ。スリから守る唯一の方法は、スリグループからターゲットとして選ばれないことだと悟った。

それ以来、私がやっている防衛策は、電車に乗る時は、乗客をひと通り眺め回すことだ。

犯人に目が合ったと思わせることが大事なのだ。実際にアイコンタクトできたかはどうでも良い。「目が合ったかも知れない」と思わせることで、ターゲットから外すことができると言われている。

社会で生活をしていて、目を合わせることの大事さは誰もが習うことだ。「今さら言われなくても当たり前だろ?!」と思うくらい常識的なことだ。しかし、これができていない人がなんて多いことか。人のプレゼンを観ていて、いつも思うことだが、9割以上の人は、人の目を見て話せていない。ほとんどの人がスクリーンや、下書きの紙やパソコンを見ながら喋っている。これでは「選ばれる」プレゼンができるわけがない。

「選ばれる場」として、プレゼンは最も重要な場であることは言うまでもない。聞き手といかにコンタクトできるかで、「選ばれる」確率が大きく変わってくる。

聞き手に「数多くいる聴講者に紛れている1人」と思わせないことが大事だ。1対1のコンタクトが成り立つことで当事者意識を持ってもらい、真剣に聞いてもらうことが「選んで」もらうための大事な最初の一歩となる。

プレゼンで「選んで」もらうために、私が心がけていることが2つある。

1つはプレゼンが始まるまでが勝負。始まるまでに、いかに多くの関わっている人たちと目を合わせたり、会話したりができるかがポイントとなる。そうすることで、プレゼンを聞く側にも「いい加減なことができない」という意識が生まれて、話を真剣に聞いてくれ、そして「選んで」もらいやすくなる。

これはプレゼンする側にも効果がある。相手に飲まれてしまっては説得力あるプレゼンはできなくなる。プレゼンする側にとって一番の強敵でプレッシャーとなるのは、斜に構えて聞こうとしている聞き手だ。敢えて事前に目を合わすことで、「斜に構えて聞くなんて許さないよ」と相手を暗黙のうちに飲み込むことが重要だ。そうすることで、対等以上の立場で、冷静に説得力ある話ができるようになる。

聞き手が大人数の場合は、プレゼン前にできるだけ多くの人とアイコンタクトするのが精いっぱいだろうが、もし、聞き手が少人数の時ならば、話しかけるのが一番効果ありだ。

内容は雑談でもＯＫ。会話込みのコンタクトが最も効果的なコンタクトとなり、いい加減な応対ができなくなるものだ。

プレゼンがセミナー形式の場合は、私はいつも自分の出番の20分以上前には会場内に入ることにしている。できるだけ前方の席を確保し、聞き手側を見渡し、場の空気に馴染《なじ》むようにしている。心の中で「今日は、私がたくさん有用な話を用意してきた。きっと喜んでもらえるはずだ。自信を持って話そう。どうかたくさんの方に役立ててもらえますように」と、暗示をかけるようにしている。そして会場を大袈裟にでも見渡し、聞き手の人たちに私を見てもらい「あ、この人は次に話す人かも知れない」と見てもらえるようアイコンタクトに努めている。

1スライド1メッセージ

２つ目のポイントは、講演しながら聞き手の顔を凝視することだ。

こうやって言葉にすると、あまりにも当たり前のことを言っているようだが、これができている人は稀《まれ》だと言ってもいい。

ではなぜ多くの人が、人の目を見ながら喋らなければ説得力が薄れるとわかっているにもかかわらず、それができずに資料やスクリーンを見て聞き手に背を向けてしまうのか。その原因を知り、解決することが「選んで」もらえるプレゼンをするために大事なこととなる。

もちろん、聞き手の顔を見られないのは、恥ずかしいという理由もある。私も人見知りだし、SHYなので、多くの人にまるであらを探されるように見つめられるのは、足がすくむ思いだから、気持ちがよくわかる。しかしそれは、場数を踏むことでそこそこ克服できることでもある。ここで大事なことは、場数をこなして足が震えなくなったプレゼンでも、説得力がないプレゼンが多いということだ。恥ずかしさがなくなっても、まるで資料を読むようにプレゼンをし、聞き手の顔を凝視できない人がほとんどなのだ。

もちろん、プレゼンする内容を丸暗記するのがベストだろう。丸暗記していれば、プレゼン最中に資料やスクリーンを見る必要もなくなり、聞き手の顔を見ることもできるようになるからだ。ただ丸暗記の場合の問題は、一字一句間違えないように喋ろうとする意識が強まり、気持ちが場の空気に集中できなくなることだ。また丸暗記を間違えずにすべて吐き出すことに集中するために、プレゼンに抑揚がなくなり、聞き手からすると、面白味や感動のないプレゼンになってしまう危険がある。

大事なことは、スクリーンに映しているスライドで、何を聞き手に訴えたいのかのメッセージを理解することである。そのスライドで何を訴えたいのかに集中することで、プレゼンするこちらも余裕が生まれるし、聞き手も聞きやすくなる。

伝えるメッセージを添えながら聞き手たちとアイコンタクトしていくので、自然と聞き手も共感しながら、うんうんと頷く反応になり、プレゼンを終える頃には「選んで」もらえる味方となるのである。

選ばれ続ける人がやっていること

プレゼンしながら聞き手の顔をじっと見る。

▼掴み5分と締め1分が9割

プレゼンは、最初の5分が勝負だ。

そのあとに続く1時間のプレゼンで、どんなに良い内容のプレゼンを用意していたとしても、出だしの5分で、「あ、この人の話を聞いても面白くないかも知れない」「今日は有用な話を聞けそうにないな」と思われてしまったら、もう聞く耳を持ってもらえない。その1時間は内職の時間に使われてしまうだろう。

最初の5分で予感させることが重要である。**魂を揺さぶる必要がある。**

私がベンチャーで300戦無敗の経験をしていた時の話をしよう。

ある日、著名な出版社が「データを繋ぐ」というテーマで、そのソリューションを持っているメーカーを集めてセミナーを企画した。

そのセミナーに1日参加すれば、いちいち各メーカーとアポを取らなくても、お客様にとっては一気に全製品を理解できる便利な1日となったわけだ。もちろん私が所属していたベンチャーも協賛費を払って、セミナー講演1枠を確保した。8社はいたことだろう。私がコンペしていた大手競合メーカーは揃い踏みしていた。お客様も数百人参加していた。競合メーカーはエースとなるエンジニアが講演に登壇していた。丁寧に技術的な話をしている。自社の宣伝をしている。プレゼンももちろん慣れているようで上手い。競合メーカーに感心して聴きながらも、ただ1つ違和感を覚えたのは、どこも似たソリューションだったので、違いがわかりづらかったことだ。1日に同じ話を何度も聞かされていたら、お客様は飽きてくるのではないかと心配になるほどだった。

私の出番が来た。

私はテレビ番組の話から始めることにした。

参加者は一様に驚いたようだ。どのメーカーも挨拶から始め、自己紹介をし、お客様が抱えている課題の話から解決策へとお決まりの流れに沿って話しているのに、私は最近あった面白かったテレビ番組の話から始めたからだ。

私が紹介したのは、小学生が競う「30人31脚競走」のテレビ番組だった。記憶に残っている人もいるだろう。小学生たちがひたむきに練習して、勝ったり負けたりして泣いている姿を観て、こちらももらい泣きしたあの番組だ。

「繋ぐ」がテーマのセミナーだったので、私は足を紐《ひも》で繋いで走るネタでプレゼンを始めたわけだ。そのテレビ番組では、ある学校の女子生徒が自分1人では50メートルを10秒切れないのに、30人で足を紐で繋いで一緒に走ると9秒台で走れる感動のストーリーを提供していた。「私はみんなに迷惑をかけてしまう」と感じて遠慮していた女子生徒が、みんなと繋がることで、まだ見たことがない限界を超えたスピードを体験できるわけだ。私も番組を見て涙を流したのを覚えている。

このストーリーをプレゼンで唐突に紹介し始め、「この足と足の間を結ぶ紐は何だと思いますか？」と話を繋げていった。「私が本日これから紹介するソリューションは、いま皆さんが感じている限界を超えることを実現させてしまえるものなのです！」と話を進めた。

自己紹介も不要だった。聞き手は、難しい話をされるかも知れないと構える間もなく、身近で興味ある話題からのめり込み、その流れで自然なままソリューションの話に聞き入ってしまったのだ。

講演の最後は、こう締めた。
「お話を聞いていただきまして、ありがとうございました。今日はこの場に、私たちソリューションを提供するメーカーと、お使いいただける皆様と、あと私たちのソリューションを販売してくださるビジネスパートナーが集まっています。皆様が実現したい未来を一緒になって3人4脚で築き上げていきませんか?!」
このセミナーのあと、受注が殺到したのは言うまでもない。

繰り返すがプレゼンは最初の5分が勝負である。聞き手はそこで話を真剣に聞くべきか否か、直感で判断している。

そして最後の1分で、自分の直感が正しかったかどうかを判断している。

大事なことは、最初に直感を芽生えさせ、最後にその直感が正しかったことで自己正当化させることだ。真ん中の1時間は、きっと無難な内容が用意されていることだろう。
私はいつもプレゼンの前には、お客様の興味を下調べし、何を話せば興味を持ってもらえるのかを考える。それを基に、最初の5分と、最後の1分に9割の労力をかけて話を組み立てている。当然丸暗記だ。

おまけになるが、私がその「最初の5分」でいろいろ工夫した体験談も補足しておこう。「摑み」を取るために、いろいろなことをした（笑）。

一番自分でも緊張したし、かなり事前練習したのは、冒頭5分をずっと英語で喋る演出をした時だった。この時は、聞き手が「あれ？　もしかして、私は翻訳機を受付でもらうのを忘れたかも？」とキョロキョロ振り返り始めるまで、私は英語で喋り続けた。外国人のプレゼンだと勘違いされるほど真剣に練習したのを覚えている。

この時のテーマは、「言葉が通じなくても、××があれば通じる」だった。

最初の5分どころか、20分間スライドを使わずにプレゼンした時もあった。他のプレゼンターは例外なくスライドに頼っていたが、私は逆を突いて、注目を私自身に集めてから、やっとスライドを出して説明した。

私がプレゼンしたわけではないが、私がプロデュースしたイベントで、コンパニオンと俳優を使って、驚く演出をしたこともあった。

当時、イベントがあると各メーカーは自分のブースでステージを設け、コンパニオンたちがプレゼンをしていた。当時、コンパニオンは1日5万円が相場だった。

私はそのコンパニオンにプラス俳優をもう1人雇った。俳優の相場が倍で、10万円かかったが、十分な効果があると試算した。

その俳優には客席に座ってもらって、お客様に成りすましてもらった。他のメーカーのブースと同じように、私がプロデュースしたブースでもコンパニオンが同じようなプレゼンを始めるのだが、いきなりお客様に成りすました俳優が手を上げて、ケチをつけ始めるのだ。他のお客様はビックリして視線が俳優とコンパニオンの間に釘付けになる。あまりにも空気が凍り付くので、他のブースにいたお客様たちも「なんだ、なんだ?!」と思って、私のブースに集まり、あっという間に人だかりとなる。

俳優はコンパニオンに向かって、「それは違うんじゃないか?!」とか、「そこはどうなっているの?」と食いついて興奮し始める。コンパニオンには多少の演技をしてもらうが、その俳優からのケチにオドオドしながらも、なんとか回答していく段取りだ。俳優は興奮してとうとうステージの上にまで登って会話を始めるのだが、そのうちに、「そうか、そうやって解決するのか?!」「そうか、このツールはいいね！」と味方になっていくわけだ。この辺で、お客様も実はこの人はサクラだったと気づいて笑顔を見せ始めるが、もう興味津々で、そのステージは最後まで聞いてくれることになる。

この演出で「摑み」を取ることによって、私はいつもイベントジャックに成功している。

プレゼンの場というのは、理屈で納得する部分と、感情の揺さぶりの部分の絶妙なバランスで成り立っていることが多い。「選んでもらう」大事な場では、この両方に上手く訴えることが必要だ。

理屈の部分は、大抵誰もが配慮する部分なので、ポイントになるのは感情面への訴えだ。ここは最初の5分と最後の1分が肝となるので、力を入れて準備して損はない部分である。

選ばれ続ける人がやっていること

プレゼンでは最初の5分と最後の1分に9割力を入れる。

第3章

5つの基礎力を鍛えよ
——「選ばれ続ける人」のスピード

井下田さんの３００戦無敗の実例として2つめに説明してくださった「帳尻合わせ戦略」。弱者はスピードで勝負するしかない、というフレーズにグッときました。

時間は、財産とか見た目と違って、みんなに平等に与えられた資産ですからね。上手に使わないともったいないです。

「スピードは大いなる価値になる。弱者が利用しない手はない」ともおっしゃっています。

投資家がベンチャーに投資する時に、どこを見ているかご存じですか?

そうです。レスポンスの早さに注目しているんです。そしてスピードって、習慣にしてしまえば楽なんです。私は講演会の帰りの時間を使って、講演依頼を仲介してくれた業者に、結果報告を入れるようにしています。これは私にとって、もはや完全に習慣です。習慣にするまでが大変そうですよね。ところが、それがそうでもないんです。スピード感を意識して仕事をすると、不思議なことに、仕事相手も自然とそういう人たちが集まってきます。彼らとスピード感のあるやり取りをしていると、それがとても楽しくなってくるんです。

スピードが楽しくなる？

そうです。それに、スマホなどの道具を使うことで、意識しないでスピード仕事術が実現できます。先日も、新橋の某会合で周りの人を驚かせたことがあります。スマホの名刺管理ツールと活動記録ツールを使ったスピード仕事術なんですが、私にとってはごく普通の習慣です。その場にいた編集者さんに指摘されて初めて、本に書いてもいいレベルのスキルだと気づきました。

うわあ、気になります。ぜひ教えてください。

はい、承知しました。ところで、スピードと言えば、私自身が影響を受けたすごい人がいるんですよ。その人が提唱している「ノータイムポチリ」。私も実践するようにしています。

ノータイムポチリ？　初めて聞きましたが、面白そうですね。詳しく教えてください。

承知しました！　では、その話から始めましょう。

▼選ばれる人が持つ共通の特徴「即断力」

「選ばれる人」「選ばれない人」、どちらも大差ない同じ人間だと思うのに、一体どこで差が生まれるのだろう。

「選ばれる人」にとっては当たり前のことだと感じて自覚していないし、「選ばれない人」からすると、何が自分と違うのだろうかと不思議でしようがないことである。

私は多い時に年間120人くらいの人から相談を受けると話したが（63ページ）、そのおかげで人間観察の機会に恵まれた。客観的に観察して、「選ばれる人」と「選ばれない人」には明確な差が1つあることに気づいている。

それは、**「選ばれる人」には「即断力」がある**ということだ。

「選ばれない人」は、ウジウジしていて、折角のチャンスを見逃すことが多いようだ。チャンスはそこそこ平等に訪れているのに、それに気づく力が弱かったり、気づいたとしても悩んで決断できないでいるうちに去っていってしまったりするパターンがとても多い。

世の中に私利私欲が渦巻《うず》く中、「お誘い」を受ける機会がとても多いことだろう。商品やサービスの購入のお誘いに始まり、イベントやセミナーへのお誘い、コミュニティ参加へのお誘い、たくさんやって来る。

「選ばれる人」は、誘った側が「え？　もう今、決めてしまって大丈夫？」と、驚くほど即断で了承したり、周囲の人が不躾《ぶしつけ》にならないだろうかと心配するほど即断で断ったりする。そうすることで、自分の周りの環境を常に新鮮に、そして質の高いものに維持して、選ばれやすい環境作りをしているのだと感じる。

「ノータイムポチリ」で有名な小野裕史さん

「即断」と言えば、私はベンチャー投資家だった小野裕史《おのひろふみ》さんを思い出す。私が前職の一部上場企業の役員をしていた時に、人生設計を考えて、早いうちに独立せねばと頭では理解しつつも、なかなか独立の勇気を出せない時があった。そんなある日、ＩＢＭのＯＢ会の集まりがあって、彼の講演を聞く機会があった。

その講演で彼は「ノータイムポチリ」で人生を変えた話をし、私は感銘を受けて、私が独立する背中を押してくれた。

「ノータイムポチリ」とは、「ノータイム」つまり時間をかけずにすぐに「ポチリ」と参加ボタンを押そうという意味合いだ。

彼は決してスポーツができるタイプの少年ではなかったそうだ。むしろどちらかというとデブの部類だったと話していた。そんな彼にあるきっかけで走る習慣が身に付き、ハーフマラソン、フルマラソンと走るようになったそうな。

ある日、ネットで北極マラソンの案内を見つけた。別に北極マラソンを走る理由などないし、普通ならスルーする案内だ。ところが心が騒いだ彼は、そこで「ノータイム」で「ポチリ」と参加ボタンを押してしまったらしい（笑）。

そうすると面白いことに、「できない理由」や「やらなくてもいい理由」を考える時間が逆転して、「どうやったら、私はこのマラソンを完走できるようになるか」という前向きな思考回路になったらしい。

そして彼は北極マラソンを完走した。私も彼のそのブログを読んだがとても面白かった。世界地図で北極点にＧＰＳのピンが立っている写真まで証拠として載せていた。

そんな彼がある日、今度は南極100キロマラソンの案内を見つけた。挑戦する必要もないはずだが、彼はまた「ノータイムポチリ」で参加ボタンを押してしまったらしい（笑）。

彼は、南極マラソンでも完走して、なんと2位になった。

はずみがついた彼が今度は、南アフリカ250キロマラソンの案内も見つけた。もちろん彼はそれも「ノータイムポチリ」で申し込み、なんと優勝してしまった。

彼は、どんどん夢を叶《かな》える人になり、今では有名な人になってしまったようだ。

そんな彼の投稿を見ていると、1年くらい前になるが、インドに旅行している記事を見つけた。しかも、読者のコメントにあるリクエストで行き先を決めるという、大胆で気ままな旅のようだった。

そこで彼はある僧侶と出会い、いきなり頭を丸坊主にして、出家する宣言をしてしまった。呆れるばかりの「ノータイムポチリ」である。

「お金なんて要《い》らない。108万円だけで生きていく」「これからは利他の心で生きていく」と宣言してしまい、ブログやSNSは自己承認欲求に繋がるという理由から、あっさりとすべて削除してしまっている。

即断できるようになると、人生が変わる。

これは私自身も大企業をあっさりと辞めた経験から強く共感できることである。

選ばれ続ける人がやっていること

迷ったらノータイムポチリ!

▼即断できるための5つのトレーニング

即断できる人がすごいからと、すぐにそれを真似たところで、自分が「選ばれる人」に成長できるかというと、そうでもない。

世の中には、何も考えずに即断で行動して、無駄な努力をしている人もたくさんいる。一方、無駄な努力をしないようにと、慎重に考えていて、それがゆえになかなか即断できない人もたくさんいる。そんな人は前述のように、折角の「選ばれる」チャンスをみすみす逃している。

考えてもダメ、行動してもダメとなると、では一体どんな「即断」がいいのだろうか。

「即断」の裏側を分解して分析すると、見えてくるものがある。

「考える」という過程は、実は2つに分けることができる。

決断する前の段階の「悩む」時間と、決断したあとの「どう行動するか」を考える戦略を練る時間だ。

この「悩む」と「戦略を練る」に分けて考えた時に、チャンスを逃さない人は、「悩む」時間を限りなくゼロにしているのだ。逆に無駄な行動をしないために、「戦略を練る」時間は大切にしている。

ここに気づかないと、即断の威力が発揮されないわけだ。

そしてさらに分析する必要がある。それは、なぜ「悩む」時間をゼロにできるかだ。

「即断」できる人は、普段からの行動が違っていることに気づかねばならない。

普段からあらゆることに関心を持って、アンテナを張っている。目にした現象、起きたことに、それが「なぜ起きているのか？ なぜそうなっているのか？」と「ＷＨＹ」を考える癖をつけており、理解したことを体系化して整理しているのである。

頭の中にそういうデータベースが整っているからこそ、いざ突然想定外のことや、チャンスが到来した時に、「即断」でそれなりに間違っていない判断ができるようになるのだ。

ここがポイントである。

即断できる人になりたかったら、普段から「好奇心」を持って、その現象を分析するために「俯瞰《ふかん》力」を身に付けて、理解、整理するために「要約力」を訓練する必要がある。

私は何度か転職や転属を経験したが、新しい環境に移った時は、自分の能力を誇示するより先に行ったことは、会議に参加した時に積極的に議事録係を買って出るということだった。誰もが嫌がる面倒くさく、生産的でないように見える仕事だが、それが仕事を理解するのに早道と考えたからだ。会議自体は「現場」ではないが、仕事の全体像を「俯瞰」するにはちょうどいい場所である。様々な人の発言を聞き、要約して整理していく過程で、大いに業務を理解することができた。誰もが嫌がる仕事を率先したことで好印象を持たれて重要な仕事への参加機会も自然と増やすことができたし、何よりも自分に「要約力」がついていくことで判断するスピードを上げることもできたのである。「急がば回れ」ではないが、大事な局面で即断できるようになる力は、日頃の訓練にあると痛感している。

そしてここで終わらせてはいけない。

世の中には、即断して、戦略もきちんと練って実行に移しても、成し遂げられない人が多いからだ。多くの人が失敗を経験するうちに「挫折」してしまう。悪循環を繰り返し経験するうちに「選ばれない人」へと成り下がってしまう。

大事なことは、失敗することは戦略を練っている段階から織り込み済みにすること。万物は1勝9敗くらいの勝率だと割り切って、失敗も成長に必要な過程だと思って挑むことが大事である。

きっといろいろな理由から失敗するだろう。自分の努力が足りないとか、能力が足りないと感じる失敗はまだいいが、世の中には理不尽なことも多く、不本意に失敗することも多いだろう。そんな時に、誰が悪いとか、想定外のことが起きたからだとか、運が悪かったなどと他責にしていては、いつまでも成し遂げられない人間になってしまう。

想定外のことも加味した上で、自分が解決できることに専念すること、つまり「自責力」を習慣づけることがとても大事である。

そして最後に必要なのが「遂行力」である。

多くの人は行動までは移すが、最後までやり切る前に諦めてしまう。

でも思い起こして欲しい。世の中で成功した人たちが、どれだけ挫折を感じながらもやり切ったからこそ実現できたという事実を。

「これだけやったから、できるはずだ」の思考から、「できるまで、私はやり続ける」の思考に変える必要がある。

「即断力」を持つためには、日頃から「好奇心」「俯瞰力」「要約力」「自責力」「遂行力」を養うことがとても大事だ。

それが「選ばれる人」に育つ原動力になる。

「好奇心」「俯瞰力」「要約力」「自責力」「遂行力」を養う方法

それぞれの能力をトレーニングする方法というかコツを教えよう。それぞれ数々のノウハウがあると思うが、私自身が実践して効力が高かったと感じたものをピックアップしてみたい。

まず「好奇心」だが、「好奇心」が湧くと途端に見える景色が変わって来た経験はお持ちではないだろうか。たとえばクルマを買うと、途端に街には自分と同じ車種のクルマが溢れてきてビックリすることがある。

この自然に湧いて来る「好奇心」を意識的にトレーニングするのは意外と難しい。対象物を「好き」になるのが「好奇心」を持つ早道だが、人間は感情の生き物だから、万物を好きになるのは難しい。興味あるものもあれば、興味が湧かないものもある。好きなものもあれば、嫌いなものもある。

そこでコツは童心に戻ることである。幼少の頃を思い出して欲しい。すべてが目新しく、親に「これはなあに？」「どうして、こうなるの？」と質問攻めにしたことを。

それと同じく、目にしたものの「Ｗｈｙ」つまり「なぜそれは起きているのか」を考える癖を持つことだ。この「なぜ」「なぜ」「なぜ」と疑問を持つことなら習慣にすることができる。こうすることで「好奇心」を高めることができるはずだ。

２つ目の「俯瞰力」だが、これは自分の頭の中でディベートさせる習慣を持つのが良いトレーニング方法となる。万物、必ず両面性があるはずだが、どうしても自分の都合の良い側面だけで考えて、結論を出そうとしてしまうものだ。そこを敢えて、反対の立場の自分を創り出し、自分同士で議論させる。

「俯瞰力」は「好奇心」と違って、比較的に意識してトレーニングしやすいものだろう。

3つ目の「要約力」は、先ほど書いたように議事録を書くこともとても良い手段となるが、人が集まる場でファシリテーターの役目を買って出るのも良い方法だ。結論や意見を言いたくなるのを堪《こら》えて、ファシリテーターとして徹底的に、発言者たちの意見を短い言葉で言い換えて、正しいかを確認する癖をつけるのだ。

「たとえば、こういうことですね」とたとえ話に置き換えるやり方でも良い。

1対1の場でも同じだ。人から相談を受けた時は、特に良い練習の場となる。相手の悩みの解決策を言うのではなく、相手の悩みを要約して言い換えて表現してあげる。これで劇的に「要約力」を向上させることができる。

4つ目の「自責力」をトレーニングすることは、この5つの中で最も難しいかも知れないが、最も練習の機会にも恵まれることになる。なぜなら、人間は自分よりも他のせいだと他責にしたがる傾向が強く、そんな局面は多々やって来るからだ。

だから腹が立った時に、「お、練習機会が来た！」と思うようにすれば良い。

人生の持ち時間が有限なことを常に悟り、想定外の理不尽なことが起きても、常に自分の成長のために何をすれば良いかを考えるようにすれば良い。

5つ目の「遂行力」も養うのは難しいかも知れない。現実世界を見渡して、挫折している人が圧倒的に多いことからもそれがわかる。

「遂行力」を養うチャンスは2回ある。1つは始める前と、もう1つはチャレンジ半ばくらいである。

チャレンジを始める前に、成功を夢見ると同時に、成長のために多々の失敗もするはずだと覚悟することが重要だ。私はよく「1勝9敗」の精神と呼んでいる。チャレンジを始める前に、その1勝のために9敗はするはずだと、織り込み済みで始めている。こうすることで挫折せずに、必要な「成長」のための1ステップだと納得して続けることができる。

もう1つは、チャレンジの半分よりちょっと手前で、最初の限界感がやって来ることを知っておくことだ。これはスポーツをしている人にはわかりやすい体感だろう。何かチャレンジをしていて、最初の限界感がやって来るが、それを乗り越えると、だいたいその2倍までは自分の能力として出せるものなのだ。マラソンなら、最初の20キロくらいで「もう限界かな」と感じた人は、そこを乗り越えることさえできれば、倍の40キロ、つまり完走することができるわけだ。
多くの人が、この感覚を知らないために、最初の限界感のところで挫折してしまっている。この感覚を理解していることで、「遂行」できる人が圧倒的に増えるはずである。

選ばれ続ける人がやっていること

「なぜそれは起きているのか」を考える癖をつける。

▼レスポンスを早める

投資家たちがベンチャーに投資する時に、ベンチャーのどこを見ているか知っているだろうか？

もちろん、そのベンチャーが持っているビジネスモデルの斬新さや、技術や能力の先進さ、有能な人材の取り揃え、社会貢献性など、どの投資家もひと通り見る尺度はある。それはクリアしなければ話が始まらないのだが、それらの項目は逆に言えば、いくらでも取り繕《つくろ》って良く見せられる項目であることも事実である。投資家たちは、ベンチャーが見せている表面ではなく、本質を見たいと思っているし、本気度や真摯《しんし》な姿勢、ポテンシャルの真実を見極めたいと思っている。

そんな思いの中で、手っ取り早く表面に浮き彫りに出やすいのが、レスポンスの早さなのである。

これは有能な人の共通の特徴と言っても良い。前項でも、有能な人は「即断」をしている話をしたが、特に相手が存在するコミュニケーションにおいては、レスポンスの早さは群を抜いているのが特徴だ。

レスポンスの早さは、相手への誠実さの表れでもあるし、日頃から体系立てて理解を深め、軸足がしっかりしていることの表れともなる。投資家たちは、長い付き合いになると覚悟しているので、いま持っているベンチャーの魅力よりも、長い間魅力的なパートナーになってもらえるかで判断するわけだ。その結果、ベンチャーは投資家たちから「選ばれて」いる。

同じことが当然、私たちにも言える。

人と関わる仕事をしている時、ボールが自分のところに滞留させないようにさばくことを優先することが重要だ。つまり関わる人たちに「待ち」の状態を起こさせない配慮だ。これが信頼に繋がっていく。

もちろん、飛んで来るすべてのボールをさばくことばかりに専念していたら、自分自身の本来の仕事がおろそかになってしまう不安はわかる。すべては優先順位の中での判断になる。自分のキャパシティ以上の仕事を引き受けてパンクしないように、自分自身を知ることも重要だろう。ただその仕事を俯瞰して見た場合に、自分が最大のボトルネックになっていて、全体として最大の効果が出ていない状況を招かないことが大事なのだ。

逆の視点でも見てみよう。「選ばれたくない」時だ。

恋愛の例がわかりやすいかも知れない。フェードアウトしたい相手が出てきたら、きっと返事を遅くし始めるだろう（笑）。既読にするタイミングもわざと遅くするかも知れない（笑）。相手に「私があなたを重要視していないよ」というシグナルを暗に送っているわけだ。この心理の逆が「あなたを重要視しているから、選んでね」ということになり、レスポンスを早く出すことが大事になるのだ。

私が生業《なりわい》としているＩＴの世界では、このレスポンスの早さが生死を分ける時さえある。モノやサービスを提供している側の気持ちになれば、高い品質を届けて高満足度を得たい気持ちはよくわかる。だからレスポンスを重視するがために、中途半端な品質のものでお届けするわけにはいかないという気持ちが働くのもよくわかる。

しかしモノやサービスを頼む側は、自分が頼みたいものが明確でなく迷っていることが多い。出来上がったものを見るよりは、だんだん望むものに近づきながら出来上がっていく過程も確認したい心理がある。

だから、雰囲気で良いから制作過程のもののイメージをすぐにレスポンスしてくれる業者を「選んで」しまうこととなる。レスポンスの早さは、変化への強さをも意味しているわけだ。

「選ばれる」人は、この理屈を理解しているから、レスポンスを最重要視している。

いい仕事をしている時は、リズム良く進む感覚を味わうことだろう。それはお互いにレスポンスを早く返し合っているから起こることである。

あの気持ちいい感覚を自ら放棄しないように、レスポンスには細心の注意を払おう。

選ばれ続ける人がやっていること

レスポンスのスピードを意識する。

▼「選ばれる人」は「何もしないことの罪」を知っている

何もしない平均ゼロと、周波数のように上下して動いた結果の平均ゼロは、まるで意味が違う。

波のプラスの時とマイナスの時があるから、合算したらゼロになるではないかという話ではない。プラスの時もマイナスの時も、移動した距離に意味がある。「感動距離」と言ってもいいかも知れない。思い出や感動や学びが残る。結果がゼロであったとしても、何もしなかった時のゼロとは大きく意味が異なる。

何もしない平均ゼロのことを「為《な》さざるの罪」と呼んでいる。

「選ばれる人」は、この「為さざるの罪」が「選ばれる」ことからいかに自分を遠ざけているか知っている。

「選ばれる」感動は魅力的だが、「選ばれなかった」時の喪失感はとても恐怖だ。そして世の中の多くは「選ばれない」確率の方が圧倒的に高い。だからチャレンジすることに躊躇《ちゅうちょ》してしまう。

「選ばれる」経験がまだ少ない人は、あの感動の強さがまだ体感できていないから、「傷つきながらも、たまに感動する」選択よりも、「感動もないが傷つくこともない不満な状態」を自ら選んでしまいがちだ。

この心理から、チャレンジしない無難な道を選んでしまう罪、つまり「為さざるの罪」に気づけるかどうかが、「選ばれる」人に近づけるかどうかの分岐点となっている。

少し、恥ずかしい話をカミングアウトしよう。

私の人生は失敗の連続だ。

数年前のことだが、判断ミスをして1年を棒に振ってしまったことがあった。

私は技術屋で研究所にいたこともあって、未来を読むことを生業にしていたが、まさにその未来を実現しようとしている最先端の技術を持った人と出会って、一緒に会社を創った。

私も覚悟を持って1000万円出資して筆頭株主になった。そして1年間無償で働いた。しかしある日、とても残念な思いではあったが、ある理由から勇気を出してその会社を抜ける決意をした。

幸運なことに出資金は戻ったが、貴重な1年間の時間と労働力を無駄にしてしまった。

嬉しい話をしよう。

数年前のことだが、私の人生をドラマティックに彩《いろど》る経験ができた。

その1年、普通なら体験できない最先端の技術を間近で満喫することができた。

机上の空論で終えることなく、会社という実体まで創ることができた。

私も覚悟を持って1000万円出資して筆頭株主になり、1年間無償で働いて、評論家で終わらせずに言行一致させることができた。

結局ご縁がなくて私はそこから立ち去ることになったが、損切りという英断ができる自分にも驚いたし、人を見抜く目も養われてきたことを実感できたし、捨てる覚悟で出資したお金も、幸運なことに戻ってきた。

もうお気づきだと思うが、どちらも同じ話の体験感想である。見方、捉え方を変えて表現してみた。

「失敗は沢山した方がいい」というアドバイスは山ほど見かけるけれど、1年くらいの時間を棒に振るとさすがに落ち込むし、堪《こた》える。

しかし、落ち込んだことを理由に言い訳を続け、さらに2年くらい棒に振ることの方がもっと怖い。

過去は変えられないけれど、現在と未来は創っていける。ここが重要だ。

失敗せずに欲しい未来だけを作っていくなんて、諦めた方がいい。

「チャレンジできる」というプラスしかない体験にフォーカスしよう。

活動できる「健康」があることに心から感謝して、結果に怯えずに前に進むことが肝要だ。

この話において、私にはもう1つ選択肢があった。この会社に参加することを断り、何もしないという選択肢だ。

その選択肢を選んでいたら、私は1年間を棒に振らなかったし、逆に自分が描いた未来が実現するかも知れないワクワク感を体験することもできなかった。何事も起きない平穏な1年だっただろう。そしてきっとあとになって、何もチャレンジしていない自分に、じわじわと自己嫌悪になっていたことだろう。

これが「為さざるの罪」だ。

生を受けて、最期、無に戻る前までに私たちにできること。

為さざる罪をもっと意識しよう。

選ばれ続ける人がやっていること

チャレンジできることに感謝して前に進もう。

▼選ばれる人は、お金以上に時間を大切にする

最近では若者が「タイパ」と言うようになって来た。「タイムパフォーマンス」の略だ。「コストパフォーマンス」という言葉は仕事をしているとよく聞く言葉だ。略して「コスパ」ともよく言われている。かけるお金に対して、返って来る得が大きいかどうかの指標として表す。これの時間バージョンが「タイパ」だ。かける時間に対して返って来る得が大きいかどうかを意識しようという意図が、多分に含まれている。

私自身も、基本は「タイパ」派だ。お金よりも時間の価値に重きを置くようになった。それはきっと人生が後半戦に入った影響も大きいと思われる。お金は失っても、また頑張れば取り戻すことも可能だが、時間は失ったら二度と取り返せないからだ。

しかし、誰もが時間の大切さを知っているはずなのに、時間に無頓着《むとんちゃく》な人が意外と多い。何かイベントに誘われたとする。感情が「行きたい」と叫んでいたり、「行きたくない」

と思っていたりしたら、迷うことはないだろう。しかし微妙な時が問題だ。その誘ってきた人との関係性から、義理で参加した方が良いか、それでも「行きたくない」感情の方がちょっと勝っているから断ろうかと迷っている時が悩ましい。

こんな状況の時に、そのイベントで支払う参加費で判断してしまう人がとても多い。「5000円以内だったら義理で参加しても良かったけれど、2万円かかるなら止めようかな」という感じだ。

私はこんな状況に陥った時は、時間も加味して考えるようにしている。しかも時給を5000円換算で計算して、話をシンプルに置き換えている。

そのイベントに参加することで行き帰りの移動時間とイベントの時間を足して4時間かかったとする。そんな時には、4時間×時給5000円＝2万円で換算している。もしイベントの参加費が5000円なら、この義理を果たすために2万5000円の支出になり、その価値が果たしてあるかどうかで判断するようにしている。5000円だったら断り切れずに参加してしまうイベントも、2万5000円のコストがかかると知ると、より正しい価値感覚で参加可否を判断できるようになる。

面白いことに、その友達が誘ってきたのが5000円のイベントではなくて、2万円の寄付だったとしよう。多くの人は、5000円のイベントだったら参加するつもりなのに、2万円の寄付と言われたら断るかも知れない。

しかし時間をお金に換算する方法で考えると、寄付の方が実は選ぶべきなのかも知れないのだ。

こちらが支払うコストは寄付の方が安く済む。そして頼んだ方からしても、イベントに参加してもらって1名増えるよりも、2万円を寄付してもらえた方がきっと嬉しいはずだ。

私たちは、もっと時間に対してシビアに見てもいいはずだ。

時間をお金で買うシーンは、至るところで見受けられる。

最寄り駅から現地までタクシーで行くというのはわかりやすい例だが、それ以外にも、テーマパークでファストパスチケットを買うとか、料理する時間を節約して、インスタント食品を買うというのも、時間をお金で買っていることになるだろう。

こんな「タイパ」派の私でも、実は矛盾したようなことをすることがある。一番象徴的な例は、隣の駅に買い物がある時は、歩いて行くことが多いのだ。人との待ち合わせがあって、しかも時間が切迫しているといった状態でない限り、実は歩く選択をしている。お金よりも時間を大切にしている私にしてみれば、かなり矛盾した行動である。

そんな自分の心理を自己分析してみると、見えてくることがある。理由は2つあった。

1つは、歩くことで健康を維持しようとしているのである。健康は足からくるとよく言われている。便利になり過ぎて、あまりにも歩かない習慣がついてしまい、それを恐れている心理がある。そしてもう1つの理由が、閃《ひらめ》く時間帯として、歩く時間を有効利用していることである。考え事をするのにちょうどいい時間なのだ。

健康も、長い目で見れば、時間の節約に繋がることになる。**歩くという時間の投資をしたことで健康を維持し、老後の健康時間を大いに増やすことに繋がる。**

このお金と時間というテーマを「選ばれる」人たちの視点で考えてみたい。

当然のことながら、「選ばれる」人たちはいつも忙しく、予定が詰まっている。新しい用事ができると、必ず既に入っている予定と比べて、優先順位付けをして、入れ替えたり、新しい予定を断ったりしている。この感覚を私たちも身に付けなければならない。

「選ばれる」人にとってのスケジュールは、何も人との約束や、締め切りのある作業だけが書かれているわけではない。

時間が空けば、その時間帯にやりたい活動がたくさんあって、すべてのスケジュールが埋まっているようなイメージになっている。だから新しい用事が入ってきても、そのやりたい活動との比較を行い取捨選択をしている。どの時間帯も高い価値と位置付けられているところがポイントだ。

そんな時間感覚を身に付けておきたいものだ。

選ばれ続ける人がやっていること

イベントに誘われたら「時給5000円」で計算する。

▼スマホを活用したスピード術

「はじめに」でも書いたが、私が無自覚に実践して来た「選ばれ続けた」結果に繋がったノウハウの数々を、この本では言語化してある。

そんな無自覚だったノウハウが、この本の原稿を書いている間にも、他から指摘いただき言語化できたことがあった。それはつい先日のこと、出版社や著者たちが集まっていたある会合でのことだった。

毎月1回集まり、相談事を持ち寄り、アドバイスし合うような会合である。顔見知りも多いが、毎回3人くらいは初顔の方が訪れる。

その日も「お初」の方が2人いらしていたが、片方の方は見おぼえがあった。でもどこでお会いしたことがある方か思い出せない。その方が自己紹介した時に、お聞きした名前を頼りに、その場でスマホを開いて過去の名刺検索をしてみた。そうすると、12年前の5月29日にお会いした方だということがわかった。続けて私はスマホで、自分の活動記録を調べ、その日にどんな活動をしたかを調べた。そうすることで、どこでその方と名刺交換したかがわかり、当時の記憶を蘇《よみがえ》らせることができた。

そうなると話は早い。私は「ああ、12年前の5月29日に、どこどこでお会いしましたよね。あの時、いらしていた共通の知り合いのあの方は、いまこんなことをしていますよ」と話題を提供し、すぐに打ち解けた雰囲気になった。

人見知りな私は、基本的に人が集まる場が苦手だ。話題に乗り切れずに、1人でポツンと置いてきぼりになることが多い。しかし、スマホのちょっとした技を駆使したおかげで、私は場の中心となって空気を和《なご》ますことができた。これが商談の場だったら、きっとそのあとの流れもスムーズに進んだことだろう。

周りも驚いていた。私が12年前の日付まで具体的に提示して話したからだ。隣に座っていた出版社の方に、「素晴らしい技をお持ちですね」と言われて、初めて自分が無自覚に技を駆使していて、それが当たり前ではなかったことに気づいたわけである。

私がこの時使ったツールは2つだけである。それは名刺管理のツールと、活動を記録するツールである。

仕事をしていれば名刺交換は当たり前のように行っていることだろう。でも多くの人は、そのいただいた名刺を再利用することはないのかも知れない。私は名刺交換をしたら、その日のうちにパソコンでスキャナーを通してその名刺を読み込み、デジタルデータとして保存するようにしていた。そしてその名刺はすぐに捨てている。パソコンに保存した名刺データはネットで共有していて、スマホからも検索できるようにしていた。最近では、そのようなことができるツールは沢山出ているので、別に珍しいことではないと思うが、それを活用しているか、活用していないかの違いだけだろう。

私がもう1つ習慣化していたのは、その日の活動記録をデジタルで記録していたことである。そんなことができるツールも世の中には沢山あることだろう。私は無精なので日記をつける習慣を持つことはできないと思っていた。そこで自分ができる範囲で習慣化しようと、活動記録だけを数十年取っている。

このおかげで、指定された日にちに何をしたかがわかるし、逆にその活動をいつしたかもわかる。だから、過去に1度だけお会いした方と再会した時も、名前を手掛かりに、その時のシチュエーションを思い出すことができたのだ。

私は仕事で新しくお客様を訪問する時も、必ず事前にその会社名で検索している。どなたといつどんな状況でお会いしたかを下調べしておく。
そうすると初めてお会いするお客様でも、共通の知人の話題をすることができ、信頼を得られやすくすることができる。共通の知人がいることは強みになる。それだけで「選ばれる」確率が上がる。

名刺管理や活動記録以外にも、スマホを活用した時間活用はいろいろある。スケジュール管理や、メモ帳は仕事をする上で欠かせない。紙の手帳とは異なり、大抵どこへでも持参しているのがスマホだ。その場で対応できることで、ビジネスチャンスを見逃さずに済む。

選ばれ続ける人がやっていること

名刺はスマホで管理する。

▼心地よいストレスでスピードを上げる

人を慰める時に、「ありのままのあなたでいいんだよ」という言葉がよく聞かれる。

この言葉は誤解を招きやすく、私は使わないように気を付けている。もちろんこの言葉の真意は、「そんなに無理してまで相手に合わせなくてもいいんだよ。自分を押し殺し過ぎると、健康にもよくないし、長続きしないよ。相手もあなたを誤解して受け取る危険性もあるから、もっと素直に自分を出した方が、いい方向に向かうよ」という暖かい思いやりが込められているのだろう。

しかし、悲しいことに現実世界では、この言葉は怠けていてもっと頑張らねばならない人に届いてしまう。努力がまだまだ足りていない人に「私は今のままでも十分なんだ。ありのままの私でいよう」と思わせてしまう危険な言葉でもある。

今のあなたが、もっと「選ばれ続ける」人になりたくて本書を読んでいるのだとすれば、「ありのままのあなた」に決して満足せずに、自分らしさを維持しながら、もっと進化さ

せていく必要がある。

ところがそれがわかっていても、なかなかできないのが人間。「自分は、なんて自分に甘い人間なんだろう」と落ち込む気持ち、とてもよくわかる。

人間は、過負荷状態を続けると潰《つぶ》れるし、健康も害する。挫折した時の回復までの時間のロスはばかにならない。過負荷は絶対に避けたいところだ。

一方、甘やかすといつまでも甘えてしまうのも人間のさがだ。「後回し」という甘い誘惑に勝つのはなかなか難しいと、薄々気づいているわけだ。

私が8カ月で19キロのダイエットに成功した時の話をしよう。

ご存じの通り、ダイエットの仕方は世の中に五万とある。どの方法が自分に合うのか、まずはそこからだった。己を知ることから始めた。

私は自分の好きなものを沢山食べるのが好きだったので、そこは「ありのままに」を崩さなくて済む方法を模索した。そうは言っても、体重は物理学的に見れば、摂取量と消費量の差で決まるわけだから、無理しない方法で摂取量を減らして、無理しない方法で運動量を増やさなければならない。

私が選んだ方法は、夜ご飯を抜く方法だった。特に寝る前の食事は厳禁で、毎日胃袋の休憩時間を増やすために、夜は食べないのが一番だと考えた。そう考えて、文献をいろいろ探していると、毎日16時間絶食するダイエット法があることを知った。そこで私は夕方16時から次の日の朝8時までの16時間を絶食することにした。毎日3食食べる習慣を1日2食にするのは辛い判断だったが、すぐに慣れるだろうと考えた。何よりも嬉しいのは、朝食と昼食はたっぷり食べて満足できることだ。1日3食すべてで減量して不満な食事をするよりは、健康的な減らし方だと考えた。実際にこの新しい習慣を始めてみて、最初の1カ月は辛かったが、目の前に食べ物があるのに減量で我慢するよりは、きっぱりと1食抜く方が諦めもついて、すぐに慣れることとなった。

運動量増加も、自分にとって無理のない範囲を狙った。一気にハードな運動を始めても、続くわけがない。ただでさえ忙しい時間を運動のためにさらに削るのも無理が来ると考えた。

自分にとってほどよい負荷は何だろうと考えた結果、次の3つをすることにした。

まずは歩く量を増やしたこと。足腰の強化は健康にも良いとされている。今まで歩く時間が勿体ないと考えていたが、歩いている時に考え事をする時間を充てようと思いついた。そうすることで運動のためだけに時間をロスしなくて済む。

隣駅に行くことが多かった私だが、隣駅までは歩くことにした。電車に乗れば3分程度で着くが、そこを歩くとなると20分くらいは覚悟しなければならない。しかし考えてみれば、駅までの徒歩時間や電車が来るまでの時間等を加味すれば、隣駅まで結局15分くらいは費やしていることになる。わずか5分程度増やすだけで健康的になって、痩せることができると考えたら、気持ちが楽になった。アイデアが閃《ひらめ》く時間帯にもなってプラスアルファのおまけまでついて来た。

2つ目と3つ目の運動方策は、腹筋とスクワットだ。

腹筋は、毎日4分だけすることにした。4分だけならそれほど負荷にはならない。スクワットは2分だけだ。しかもスクワットは、歯を磨く2分間にそれを充てた。電動歯ハブラシを使っていたので機械がきっちりと2分間を計ってくれる。全くの時間のロスなしにスクワットは習慣化させることができた。お尻の筋肉が強化されたことで、夜中に尿意で目が覚めることも減って、こちらもいいことずくめになった。

腹筋は最初はとても辛く、数十回しかできなかった。回数にこだわると挫折すると考えた私は、時間にこだわるようにした。しかも最初は20秒腹筋して10秒休むというサイクルを繰り返すようにして、長続きするやり方を取り入れた。これなら長続きする。回数も徐々に増えていき、今では4分間で250回するようになった。


この私のダイエット成功体験から学べることは2つあるだろう。

1つは自分に合った方法を見つけることを諦めてはいけないということ。

世の中、続けることで身に付くことがたくさんある。続けるためには習慣やルーティンにしなければならないが、この時、自分に合わない方法を選択してしまうと無理がやってくる。世の中に多数ある方法の中から、自分なら続けられるだろう方法を見つけたり、カストマイズして自分に合った方法に作り直したりすることが大事だということである。

2つ目は、自分へのストレスのかけ方をほどよくするということである。焦って一気に達成したい欲求に負けて、無理な負荷をかけても続かない。逆に甘やかしたストレスのかけ方ではいつまで経っても成長に繋がらない。いつも自分を客観的に見て、ほどよく負荷をかけてあげることである。

私はルーティンの中に上手く組み込むことで、続けることができたが、なかなかそうはいかない環境の時もあるだろう。そんな時は外部の力を使うのも良い。なあなあにならない友達や、プロの専門家に頼んで、自分を律してもらうのである。

そのやるべきことを強制してくれる所に行くのがベストだ。自分で自分を強制するのは難しくても、その強制してくれる場所に足を運ぶくらいなら習慣化できる。

家で勉強はなかなかできないが、学校に行ってしまったら、席につけば強制的に授業で教えてくれる感覚と似ている。「足を運ぶ」のように、できることを習慣化させて、自分の弱い心の部分は、プロにお任せするのである。

選ばれ続ける人がやっていること

友達やプロに頼んで、自分を律してもらう。

▼やっぱり几帳面で丁寧で緻密

「アマとプロの違いは?」と尋ねられたら、私は「それは、几帳面さと丁寧さと緻密さの違い」と答えるかも知れない。

最近はプロ並みに優秀なアマがたくさん輩出される時代だ。それだけ環境面が整ってきていて、また科学的に専門性も解明されて再現性が高まってきたからだろう。

私は大学時代から理数系を進んでいたし、就職する会社もIT系1本に決めていたので、このジャンルでのアマチュアのすごさは身近で体験していた。

専門能力だけの側面で見たら、アマでもプロと遜色《そんしょく》ないほど結果を出せる人材が増えてきたのは事実だろう。

そんな中で、それでもアマとプロの違いを聞かれたら、前述の回答が出てきたわけだ。

たとえば、ホームページを作って欲しいと頼まれたとする。プログラムやシステムを作ってくれという頼みでもよい。

最近なら学生でも、そこそこ見栄《みば》えの良いホームページは作ってくれる。きちんとした企業に頼めば200万円くらいの費用がかかるホームページを学生や、個人事業主が作れば5万円程度で済むケースもある。同じ成果物なのに、どうしてここまで価格に差が出てしまうのか不思議に思うほどである。

頼んだ方も「取り敢えずホームページがあって、必要な情報が載っていれさえすれば良い」程度のニーズだった場合には、それこそ5万円の代物で十分だろう。

しかし、しっかりした企業が依頼主の場合は、きっと200万円の費用がかかる業者に頼むことだろう。表に見えていない品質の部分が大きく違うことを知っているからだ。

しっかりと作られたホームページは、変更に柔軟に対応できるように、ところどころで配慮されている。また運用担当者が替わってもすぐに理解して変更できるように、コメントをわかりやすく添えていて、わかりやすい作りになっている。ドキュメントもしっかり整備して作成されていて、ホームページを直に修正する人以外にもわかるように配慮されている。また細かい例外操作にも対応していて、抜けがないようにしっかり作られていることが多い。

要するに几帳面で丁寧で緻密なのだ。

私が大学を卒業してIBMに入社した時に、良い上司に恵まれた。彼が作ってお客様に提出した仕様書が、まさに緻密で丁寧だったのだ。当時はまだ手書きの文化だったが、忙しい人が多忙に任せて書いたとは思えないほどの綺麗な字で書かれていた。これがアマとプロの違いかと実感したのを覚えている。

「急がば回れ」と言うが、几帳面で丁寧で緻密に動くことは、その瞬間は時間をかけてしまうことになる。しかし、トータルで見れば最速なやり方となる。作る時の生産性だけを見るのではなく、運用まで含めた時間軸での生産性の最大化を図ることが重要である。

日本の製造業で作られたモノは、中国製やその他の海外製のモノに比べて、高いにもかかわらずよく売れていることをご存じだろうか？　それは品質が高いから、壊れず長持ちするからである。

ある建機が海外でよく売れていると聞く。興味を持って調べてみると、その建機には多数のセンサーが仕込まれていて、機械の挙動を逐次データで取っているとのことだった。そしてここが大事なのだが、その機械が壊れた時に壊れる前の挙動のデータを分析して、壊れる前に事前察知できるように工夫していたのだ。海外製の建機は壊れてから修理に出すので、修理の間はその業務が止まってしまっていたが、その日本製の建機は壊れそうな挙動が起きた時に察知して事前保守を行えるようになっていたために、業務を止めずに稼働させることができた。建機自体は高価でも、運用全体で見れば大変安くつくという良い事例だ。

几帳面で丁寧で緻密であることは、スピードに繋がり、選ばれることに繋がると覚えておこう。

世の中で勘違い的に誤用されている言葉がある。

「7割良ければ、GOしよう。そのスピード感でないと競争についていけなくなる」という言葉だ。

確かに必要なすべての情報が集まるまで判断を待っていては、折角のチャンスを逃すことも多い時代だ。自転車操業のように、大方の見込みでGOをかけて進み、進みながら足りないところを後から補って帳尻を合わせる柔軟さも大事だ。

一見、几帳面で丁寧で緻密であることと相反する言葉のようにも聞こえてしまうが、この言葉を使う局面が異なっていることに気づいて欲しい。

「7割でGO」の意味合いは、自分の決断や行動を起こす時の背中を押す言葉として使われているが、「几帳面で丁寧で緻密」の方は、プロとしての仕事ぶりとして必要な要件であり、相手に「選んでもらう」要件として必須だという意味合いで使われている。タイミングが異なるので両立できると心得ていた方が良い。

選ばれ続ける人がやっていること

運用まで見据えて几帳面、丁寧、緻密に。

お得感を提供すれば、交渉スピードは上がり、リピーターになってもらえる

なぜか私たちは、交渉には勝てと教わって来た。

こちらが得する交渉こそが正義のように上から言われ、それを疑わずに信じて、交渉力を養うことに専念して来た。

交渉となると、6対4くらいの比率で自分が得するように商談をまとめようとする。そうすれば上司にはきっと褒められるし、自身も成功した商談ができたと誇らしく思えることだろう。

しかし人生では一度「選ばれる」ことよりも「選ばれ続ける」ことの方が大局的に得することを理解する必要がある。もちろんビジネスの世界でも同じだ。

6対4の比率で交渉に勝つことの裏側まで見ておく必要があるのだ。

交渉成立した相手の気持ちはどんなだろうか。

もちろん、Ｗｉｎ－Ｗｉｎとなる交渉なので、成立したことには満足しているはずだ。ただそのうちに交渉をしかけたあなたの方が得をしている事実にきっと気づくだろう。不公平感を感じてしまったら、次の交渉の機会がやってきた時に、同じ条件では飲みたくないという気持ちになるはずだ。そもそも初回の交渉時でも、相手から見て4対6の比率だと感じてしまったら、面白くなく感じて交渉を断る人も出てくることだろう。

つまり、自分に有利に交渉を進めるということは、勝率を減らし、継続性を減らすという2つの側面でのデメリットがあることを理解しておかなければならない。

もし一定時間に10人の人と交渉できたとしよう。6対4の比率で、こちら有利に進める交渉だ。運よく交渉を勝ち取れたとして、5割の勝率だったとする。10人中5人と交渉成立だ。結果は、6×5＝30の利益が上がる。

この結果に満足する人がいるかも知れない。

しかし相手の方が有利になる交渉を進めたらどうなるかも試算してみて欲しい。交渉相手は自分が有利な条件なので気持ち良くなり、交渉成立の率は遥かに高まるだろう。また交渉時間も短縮できることだろう。10人のうち10人と交渉が成立すれば、4×10＝40の利益となる。

実は自分が有利に進める交渉よりも、相手を有利に進める交渉の方が、こちらも多くの得をする計算となる。この試算で言えば、10人中8人の成約率だったとしても、4×8＝32で得となる。

そして大事なことは、その後の商談に繋がることだ。得した気分の交渉相手は、次回も快く商談を結んでくれることだろう。継続性がある商談となる。

ところがこちらが有利に進めた商談は、その時1回は勝ち取れたとしても、次回以降では相手に躊躇《ちゅうちょ》される。勝率が減り、商談時間も長くなり、非常に効率が下がるわけだ。

私たちの人生は、短距離走を走るというよりは、マラソンを走るようなものだ。何度も相手から「選ばれる」ことが大事である。

もちろん、赤字になってまでとか、こちらが損してまで相手を得させることはない。それなりに採算を確保した上での交渉が大事なことは言うまでもない。しかし、Ｗｉｎ－Ｗｉｎとなる交渉材料を見つけることができたのなら、相手に大きな満足感を与えることは結果的にこちらまでもが得することに繋がる。

大局的に言えば、日本は特にそうだが、少子高齢化の時代を迎え、作れば作るほど売れる時代とは異なって来た。**こちらの提供する価値を認めてもらって、何度も「選んでもらえる」ようリピーターになってもらうことが重要戦略となる。**営業コストもばかにならないから、効率良く進める必要がある。

そのためには、相手が喜ぶことに集中することが最も効率が良くなる方法となる。

利他のあり方、利他のさじ加減といったものに、もっと配慮して交渉に臨むようにしよう。

選ばれ続ける人がやっていること

採算確保したら相手が喜ぶことに集中する。

第4章

10秒で断れ
――「選ばれ続ける人」の人との接し方

井下田さんの無敗エピソードの3つ目、「アドバイザー戦略」。このポイントは、「信頼が大事」ということですね。

そうです。人づきあいは大事だし、大変。だからこそ、面白いのです。

仕事を覚えるだけでも大変なのに、人づきあいもなんて、大変だ……。

いえいえ、武井さんはきちんとできていると思いますよ。先輩さんと信頼関係ができているからこそ、先輩さんは「井下田を紹介しよう」と思ったわけでしょ。

知り合いから聞いた話ですが、新入社員から仕事の相談をされたことがあって、近所の喫茶店で2時間かけて説明したそうです。新入社員が頑張っているのを近くで見ていたので、自分の知っていることは全部教えてあげようと思ったらしいですよ。

誰にでも親切に教えることが大事ですね。

はい、そう思います。ただ、人に与えることで喜びを感じるギバーが存在する一方で、人からもらうことで喜ぶ「くれくれ星人」も一定数、存在します。そういう人たちには選ばれないようにすることが大事です。

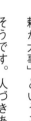

あ、そうか。選ばれ続ける人になるためには、選ばれないことも大事なんですね。

そうです。くれくれ星人と過ごす時間は、決して楽しいものではないですからね。賢いギバーになることが大事だと思います。

そのあたりのことも詳しく教えてください。

承知しました！　でも、そう言っている私も、これまでの人生で理不尽な思いをしたこと、恥ずかしい思いをしたことがたくさんあります。

以前、コンサートをプロデュースしたことがあるんですが、会場が１０００人入るところで、集客に苦労しました。その時に、３００人分のドタキャンをしてきた詐欺師がいました。

うわ。聞いているだけで胃が痛くなりそう。

そういう理不尽な思いをした時にどう対応するか。それも、人づきあいを考える際には大事なことだと思います。

▼チームメンバーで「選ばれる」確率が大きく変わる

出会いが人生を大きく左右するとしたら、一体誰と出会って、誰と出会わない方がいいのだろう。

時間が限られているから、無駄な出会いはしたくないが、いい人とだけ出会うなんて都合のいいこともない。いざとなった時に人間は着飾れなくなり本音が出て来るものだが、なかなかそんな機会に恵まれることも多くはない。

さて、仲間選び。

どのチームに入るか、このチームに誰を入れるか。

チームメンバー次第で、「選ばれる」確率も大きく変わることだろう。

同じチーム選びでも、私たちが日頃活動を共にするチームの選定は、オリンピックメンバーを選ぶ時とは大きく異なる。

母数が膨大にあって、ついて来られない人を遠慮なく落としていけるエリート集団とは性質を異にするからだ。

限られた母集団から選び、長期的に「選ばれる」集団とするためには、メンバーの自発性と協調性を持った上で相乗効果を生むことがとても大事で、個々が持つエネルギーを削《そ》がず、ベクトルを合わせていけることを重視する必要がある。

仲間には次のような人を選ぼう。

①誠実で礼節を大事にする人
②マウンティングしないで相手を尊重できる人
③成長を目指し、努力を楽しめる人
④他力本願な要素をすべて排除し、能動的にできることに集中できる人
⑤お金以上に大切にしていることをお互いに認識し合える人

1つずつ、簡単に説明していこう。

①誠実で礼節を大事にする人

形式と礼節は別物と考えた方がいい。形式は大事ではない。大事なのは、相手が心地良くなり、相手の時間を無駄にしない心配りの表れである。笑顔の挨拶で始めるとか、遅刻やドタキャンは絶対しないとか、間違えた時に素直に謝るとか、感謝の気持ちを忘れないとか、ごくごく基本的なことである。

初歩的なレベルだが、このレベルで違和感を覚えた時に「切る」勇気を持つことが大切だ。傷口を広げない結構効果的で合理的な判断基準である。

②マウンティングしないで相手を尊重できる人

一定の能力基準を満たす人材を集めることは、チームで行動する上で必須の要件になるだろう。

しかしどんなに優秀でも、他人を見下す態度があったり、コントロール配下にしようと

したりするきらいがあったら、絶対に仲間に入れてはならない。

悲しいことに、そのような悪しき空気は萎縮《いしゆく》を生み、周りの成長を阻《はば》むばかりか、傲慢《ごうまん》は腫瘍《しゆよう》のように周りにも増殖してしまう。

③成長を目指し、努力を楽しめる人

人には個性があるし、能力も異なる。1つの尺度で人を評価し、選定基準にしてしまってはいけない。

結果や肩書きではなく、成長することに喜びを見出し、その努力を厭《いと》わない人を仲間に入れるべきである。結果に満足すると既得権益という守りに入り、成長が止まり、人間はまるでモノのように「償却」を始めてしまう。

成長の積み重ねが大きな力となる。またそれが切磋《せつさ》琢磨《たくま》する空気を生み出し、好循環を生み出してくれる。

馴れ合いではなく、刺激を与え合える空気感が大事だ。

④他力本願な要素をすべて排除し、能動的にできることに集中できる人

他責にしたり、自分にはどうにもできないことを愚痴にしたりした途端に成長は止まる。**理不尽な境遇に置かれても、自分のできるベストを模索する精神を持ち合わせた人を仲間に入れるべきである。**

占いとか、宗教とか、政治家への批判とか、自分でどうこうできないものを容易に口にする人は、絶対に仲間に入れてはいけない。

⑤お金以上に大切にしていることをお互いに認識し合える人

仲間がお金よりも大事にしていることをそれぞれ個々に言えるだろうか？

それが「いざ」という時の大事な信頼になり、原動力となる。

仲間が団結する大きな力になる。それを知らずして仲間に入れてしまうと、ベクトルの向きがバラバラになり相乗効果が望めなくなる。

1人では大きなことを成し遂げられない。

いいチームを組んで、来年こそは飛躍しようと多くの人が誓う。

そんな時に、ボタンのかけ違いに気づき遅れて痛い目に遭い、さらに次の年に誓い直す人のなんて多いことか。


だから伝えたい。仲間選びはすごく大切だと。

正しい指針や理想を見つけるのは難しいことかも知れない。

しかし仲間に入れてはいけない人だけでも知っておけば、いくらでもやり直しや軌道修正がきく。軌道修正し続けることができるチームが結果的に選ばれていくのだ。

選ばれ続ける人がやっていること

仲間に入れてはいけない人を知っておく。

▼テイカーの見分け方

ちょっと逆説的な話もしよう。

「選ばれ続ける」テーマを語る時、実は「選ばれない」ことも大事なテーマとなる。「選ばれたくない人」に「選ばれて」しまったがゆえに、大事な「選ばれる」機会を失ってしまうことがあるからだ。

その「選ばれたくない人」の代表格が「テイカー」と呼ばれている人たちだろう。

よく「ギバー」とセットで語られることが多い。人に与える（ギブする）ことで喜びを感じるタイプの人に対して、人からもらう（テイクしてもらう）ことで喜ぶタイプの「くれくれ星人」のことである。

人生で、テイカーの人と過ごす時間ほど、無駄なことはない。

そんな人とは出遭いたくないし、出遭ってしまったらすぐに離れることが賢明だ。

だが、社会で営む上で避けられないことも多々ある。

ギバーの生き方は素敵だし、幸せな気持ちに包まれやすい。
実際、成功している人にギバーは多い。
しかし同時にテイカーたちに舐められ、搾取《さくしゅ》されやすいのもギバーたちだ。

だから私たちは、もうちょっとだけ賢いギバーにならねばならない。

初対面の人に、ギブから始めるのはとても良いことだ。
2回目以降は、相手の出方に合わせるのが良い。
つまり相手が裏切ってきたら、クールな関係に戻す。
相手もギブしてきたら、こちらも引き続きギブする。
このシンプルな方針が、最も良好な結果を導いてくれる。

ギブするということは、価値を創り、提供する能力が自分にあるということだから、とてもいいことだ。

ただ生身の人間なので、献身にも限界があるし、ギブする余裕がない時もある。

無理は禁物だ。

同じギブでも、犠牲を払ってまでしなくてもできるギブだってあることを認識しておこう。

大きな負担をせずに片手間でできるようなギブでも、相手にとっては大きな感謝に繋がることも多々あるものだ。

そんな気軽で、相手にとっては価値になるギブをどんどんしていくのが、こちらとしても負荷がなく、気持ちいい。

息切れしないことが、より大きな価値に繋がる。

では自分がギバーになれたとして、次なる課題として、テイカーと接する機会を最小限にするために、テイカーを見分けるにはどうしたらいいだろうか。

その人の周りを見ることが大事だ。

テイカーは着飾る術《すべ》を知っているから、着飾っていないその人の周りは貴重な情報源になる。

その人の周りの平均値が、その人だと思おう。

もし聞くチャンスがあるのなら、その人の行動目標を聞くのも良い。

達成したい結果の目標ではなくて、どんな行動をしていくのかを聞き出すのだ。

私はこれをよく「名詞よりも動詞が大事」と表現している。肩書きとか、その時の見栄《みば》えはいくらでも誤魔化せる。人脈もいくらでも取り繕《つくろ》える。つまりその瞬間に見える「名詞」で表現できるものはいくらでも誤魔化せるということだ。それよりも、その人が行動している様を観察することで、その人の本当の価値が見えてくる。行動、つまり「動詞」で表現するものは隠しづらいものなのだ。

判断を焦らずに、観察しよう。

不平不満、愚痴が多い人からは離れた方が良い。

ネットワークビジネス（ＭＬＭ）や陰謀論者、怪しげなカルト宗教の、弱くて怠けたい者たちが群れるような、いわゆる「友達経済」を回そうとしている連中とは離れた方が良い。

そんな人たちの射程距離に入らないように、常日頃から注意を払うことは、大局的に見て決して損なことではない。

選ばれ続ける人がやっていること

テイカーかどうかを見分けるために、その人の周囲の人たちを観察する。

▼「選ばれる人」は理不尽にどう対応しているのか

生きていると、いろいろな理不尽なことに遭遇する。避けられないことも多い。それが原因となり、選ばれない結果になることもある。

そんな境遇は自分だけに起きている不幸だなんて解釈していては、ますます選ばれなくなるばかり。誰にもたまに起こる理不尽なことに、どう対処していったらいいのだろうか。

私が味わった理不尽な体験をまず3つほど話そう。

幼稚園の時、私を虐《いじ》めていた虐めっ子がいた。当時、ウルトラマンごっこが流行っていたが、私はいつも怪獣の役をやらされた。内気な性格になるおおもとの出来事だったので、私には忘れられない苦い思い出だが、きっと彼はそんなことは覚えていないことだろう。

今ではもう昔の話になるが、28年間DVをして家族を苦しめていた「父」がいた。母親に何度も別れてくれと、子供心に頼んだが私が社会人になるまではできないと拒み、長い間、我慢の日々を送った。私にとっては悪の象徴だった「父」の立場の男は、私が35歳の時にあっけなく他界した。

前述した（48ページ）が、私は音楽がど素人だったにもかかわらず、生まれつき全盲の15歳の女の子を応援したくなり、東京でコンサートをプロデュースしたことがある。結局、彼女のために3年間コンサートをプロデュースしたが、3年目の時は、1000人集める規模まで広げることができた。この業界に詳しくなく、インフルエンサーでもない私には、1000人集めることは至難の業だった。

そんな集客の苦労の最中、800人くらい集まったところで、300人分ドタキャンしてきた詐欺師がいた。当初300人の大口予約が入り、気を良くしていた私は、1階席のいい場所を300席分確保していた。

ところがいつまで経っても、300人分のチケットの振り込みが入ってこない。払い込みがないとチケットを渡せないと催促すると、「明日には振り込むから」の空返事ばかりで、一向に支払われない。どうやら最初から支払うつもりはなく、「私は社会貢献活動に大きく寄与しています」というその詐欺師のPRに使われていることがわかったのだった。しかも、その大口顧客が詐欺だとわかったのは、開催3週間前だった。怒りが込み上げたが、そんな詐欺師は放っておいて、私は集客することに集中し、何とか1000人集めることに成功した。

私の人生に影響を与えた3つの理不尽な出来事について、簡単に書いてみた。

生きていると、理不尽な目に遭うことがある。

私の例で言えば、幼少期の虐めや、父親のDV、詐欺師との遭遇は、強烈な理不尽だった。

できるだけ避けているつもりでも、それでも遭遇してしまう。仕返しをしたくなる時もあるだろうが、それは止めた方がいい。

折角そのエネルギーは膨大《ぼうだい》なのだから、自分でできることに集中させて、飛躍のきっかけに利用した方がいい。

根っから怠け者だった私には、この理不尽から湧いてきたエネルギーは前に進むための大きな原動力になった。考えようによっては、感謝しても感謝しきれない存在に、私は彼らを変えることができた。

もちろん、面と向かって感謝できる場面がやってきても、彼らには絶対感謝しない（笑）。

「因果応報」という言葉があるが、仕返しなんて自分がしなくても誰かが勝手にやってくれる。それよりも、勝手に自滅してくれる。

限られた自分の持ち時間をそんな奴らのために浪費して、自分の次元を下げるなんて馬鹿なことはやめよう。

幼稚園の時の虐めっ子は、数年前にある日突然私のところにやってきて、一緒に仕事がしたいと言ってきた。その時、私は「勝った」と思った。

自分が成長して追い抜くことで、誰も悲しませない鮮やかな「復讐」ができた瞬間だった。

父親は柔道の世界選手権に出場するほどの恵まれた肉体の持ち主で、3カ国語がペラペラで頭のいい男だった。

私は彼のいいところだけを吸収したし、さらにエゴの強い自己中な父親を観察することで反面教師として観察でき、本当の「優しさ」を学ぶことができた。

「負」の連鎖を断ち切り、「正」のPay Forward（順送り）を始められたことに幸せを感じている。

詐欺師からは、人間の弱い心理を教えてもらえた。

人を見抜く目を養うこともできたし、苦境を乗り越えていく過程で、誰が真の仲間かが見えるようになり、逆にいい仲間作りの場となった。

何より、逆境でもやり抜く力が自分にあると教えてくれるいい機会となり、「人間万事塞翁《さいおう》が馬」を体感させてくれた。

今ではいい思い出だ。その詐欺師だが、風の噂で多くの人から詐欺で訴えられていると、半年後くらいに耳にした。

理不尽な目に遭ったなら、そこから湧いて来るエネルギーは無駄に使わずに前向きなことに使おう。

そしてその理不尽な相手からは、即刻離れる選択をすることが賢明だ。そうは言っても、親や虐めっ子からはなかなか離れられないと思うかも知れない。実際、離れるのが難しい状況もあるだろう。それでも、勇気を出して離れる選択肢を選んで欲しい。物理的に無理であっても、心理的には離れて影響を受けないようにする行動が大事なのだ。

再発防止は、自らの力で手を打たねばならない。

損切りしてでも離れよう。

仕返しなんて考える時間も勿体ない。

とにかく相手の射程距離から離れるのが一番だ。

それでも、どうしても離れられない事情があると言うのなら、相手を「無生物化」しよう。訓練のために意地悪に動くプログラムが搭載されたロボットなんだと見なそう。自分の心を痛めないために必要な処置だ。

「The only constant is change.」という言葉がある。

世の中で唯一変わらないことは、「変化する」という事実だ。

何が起きてもチャンスと捉え直して準備できる人は、信頼され、選ばれる人になり、生き残っていけるだろう。


普段は着飾って「いい人」を演じられる人も、砂場のふるいのように揺さぶられると、つい本音が出てしまうので、人脈の断捨離にも「変化」は好都合な機会となる。

誰かのせいにしたり、政治のせいにしたり、不運のせいにしたり、「他責」に頼る人たちや「運」や「定め」「流れ」のような自力以外のものに「依存」しようとする人たちがいるかと思えば、自分にできることは何かを考え、苦境を我慢の時と捉えて準備に充てる人たちもいる。

自分がどの部類に属しているのか、周りが鏡になる。

「理不尽」は相手のエゴがもたらす予定外の被害だが、この突然の波に溺《おぼ》れることなく、波に乗る選択をしよう。

とても大事なことは、何が起ころうとも常に「自分ができる最善策」に心を集中させて行動することだ。

不平や不満を吐いても何も改善しない。

むしろその濁った周波数が濁った人たちを引き寄せてしまう。

他責や依存とはおさらばして、限界を超えていくワクワクすることに意識を集中させる。

不本意でも、そのもらったエネルギーはそこに利用しよう。

より良い明日のために。

選ばれ続ける人がやっていること

理不尽な人からは即刻離れる。

▼非難の衝動

あまり話してこなかった私の過去を少しカミングアウトしよう。

一部上場の企業で役員席に座って働いていた時のことだ。

ある朝オフィスに来てみたら、私の席がなくなっていて、フリーアドレスの一般席に移されていた。

こんなことってドラマでしかお見かけしないシーンだと思っていたが、現実でもあるんだなと他人事のように感心したことがある。

当時、事業会社の社長で私の上司だった人は、モラハラで有名な人だった。気に入らないことがあると、30分のはずの会議が3時間に及ぶことはざらにあった。しかもそのうちの2時間半は、気に入らない発言をしたり、失言をしてしまったりした人をネチネチと虐《いじ》める時間に使われていた。その虐めに耐えられなくなって、「すみません。私のミスです」

と言おうものなら、「謝れば逃げられるとでも思っているのか！」と逆上させるだけだったので、ひたすら気が済むまで黙ってうなだれているしかない状態だった。

その会議に同席していた者たちも堪《たま》ったものではない。3時間、微動だにできない時間を過ごすのだ。そんな中にいて、私は比較的度胸を据《す》えて発言する方だった。役職的にもみんなを守る立場だったし、何よりも会社の成果向上のためには、間違った方向に行かすわけにはいかない立場だった。

感情的にならず、淡々と話すようにしていたし、また揚げ足を取られるような失言もしないように配慮していたので、その上司から見たら私は歯がゆい存在だったかも知れない。何よりも妬《ねた》まれていた。

そんな背景があった中で、ある日突然、私の席がなくなりフリーアドレスに移されたのだった。見せしめ以外の何物でもないのは、誰が見ても明確だった。

私は最初驚いたものの、涼しい顔を装って普通に座り、そのまま業務を進めた。

むしろ、私よりも周りが動揺しただろう。腫《は》れ物に触るような仕草にならないようにと、周りの人たちは私と接する時に配慮してくれていたと思う。

この仕打ちは、暗黙の踏み絵になった。

それは上司に対してもだが、私にとっても人を見極める良い機会とさせてもらえた。変わらず私を慕って接してくれる人もいれば、理不尽なことが起きているとわかっていても、自分の出世のためにその上司に屈服して「Ｙｅｓマン」となり、上司の言いなりになる人もいた。

人は、普段はいくらでも着飾れる。だから本質を見抜くのは難しいものだが、こういう有事が起きると、邪心で自分に近づいている輩《やから》の「膿《うみ》出し」にとてもいい機会になる。

こういう有事の際に、乗り越えるために問われるのは、「冷静さ」と「情熱」だ。冷静さと情熱は一見真逆に見えるかも知れないが、両立できる大切な感情だ。

だから、理不尽とも思える想定外の事象が起きても、その時は、自分を含めて周りを観察する千載一遇のチャンスだと思うようにしよう。次のような視点で観察してみてほしい。

1．理不尽な目に遭っても腐らない。
2．隣で我欲を満たして得している人を見ても非難しない。
3．貴重な時間は、自分の成長のために集中して邁進する。

選ばれる人は、選ばれない結果を迎えた時でも、それを誰かのせいにしたり、運のせいにしたり、誰かを非難したりしない。

原因を冷静に徹底的に分析し、今後同じ失敗をしないための改善策に集中する。

選ばれ続ける人がやっていること

理不尽なことが起きたら、周囲をじっくりと観察する。

「選ばれる人」が激しい嫉妬を受けた時にしていること

自分を信じて前に突き進むことは、とてもいいことだ。しかしそう思って突き進んでいると、仲間だと思っていた人から、思わぬ仕打ちをされることがある。

さりげなく距離を空けて、やり過ごせるのならそれでいい。

ところが、同じボートに乗っていて向こう岸まで一緒に辿り着かなければならない時は、何とか誤解を解く必要がある。

そう、誤解が嫉妬の引き金になっている可能性がある。

私は苦労を周りに見せない美学を持っていたので、辛い時でも笑顔で過ごしていたし、仕事で遅くなって午前様になった場合でも、次の日は9時前に出社して涼しい顔をして仕事をしていた。それゆえに、私のことを誤解する人も少なからずいたようだ。周りには楽して得したように見えていたのだろう。結構嫉妬されるタイプだったと感じる。

ＩＢＭで本社ＳＥという花形の部門にいた時、最先端の技術情報が集まる部門で、競合会社との比較を専門にしている部署だったので、営業からよく呼ばれて、コンペを戦った。エンジニアはコンピュータルームにこもって地道な作業をするイメージが強かったので、あちこちに引っ張り回されて、営業からいつも褒めてもらう私は、他のエンジニアから見たら嫉妬のターゲットになりやすかった。

「俺たちが汗水たらして集めてまとめた情報をあいつは表面だけかっさらって、自分の成果にしやがって……」という陰口が聴こえて来たこともあった。

ある日、私は自分の作業を「見える化」してみた。泥臭いエンジニアがやる作業は、１人ではなくできるだけチームで共有するようにしてみた。新聞を毎朝読み漁り、関わった営業やお客様に関連する記事を切り抜いて、社内メールで担当営業に送る作業も、昼間にみんなが見えるところでも行うようにした。外回りした活動は、すべてレポートとしてまとめて、部門内で共有するようにしてみた。時には、私１人で事足りる外出案件でも、敢えてエンジニアの仲間に同行してもらったりもした。

そうすると、途端に私を見る目が変わり、嫉妬から解放され協力してくれる人が増えていった。

効率重視で、可能な限り自分1人でこなそうしていた姿勢が、実はチームオペレーションでは決していいことではないことをこの時学んだ。

誤解は、嫉妬を生む引き金になるので、必要以上に気を配った方が良い。

話を戻すが、こちらがどんなに気を遣っていたとしても、激しく嫉妬する人はいるものだ。

そんな境遇に出遭ってしまったら、**その激しい嫉妬をする人の「品格」を観察すると良い。**嫉妬する人は、自分が「選ばれない」ことが多いから嫉妬する。彼らの仕草や言動を観察することで、「選ばれない人の品格」が見えてくることだろう。これを反面教師にすることで、ある意味自分が「選ばれる品格」を持つための参考にすることができる。

もしあなたが嫉妬されているとしたら、それは相手があなたの「結果」に目を向けているからと考えてみたらどうだろうか。

あなたのひたむきな努力までひっくるめて嫉妬しているのだろうか。

相手はあなたがしている湖面の下の「足掻き」努力を知らない。

あなたが楽をしてその「結果」を得たように見えているから、その「楽」に嫉妬している。

持って生まれたものとか、運よく得たものと誤解している可能性がある。

もしあなたのひたむきな努力をした「プロセス」までも観ているのなら、「選ばれる品格」がある人なら、素直に学び取りたいと思うだろうし、仲間になって「いい影響」を自分にも浴びせたいと思うはずだ。

だからもし、あなたが身近な人の激しい感情で悩んだとしたら、あなたのもっと泥臭いところをさらけ出しておいた方がいいのかも知れない。

美学として苦労を顔に出さないのは正しいし、謙虚な姿勢はとてもいいことだ。

でも同じボートに乗っている仲間なのだから、あなたのプロセスまでも観てもらい、引き込んでしまってはどうだろうか。

誰もができることを誰もができないほど丁寧にやり尽くすあなたの姿に感動し、楽をして得たものでないことを理解した相手は、「嫉妬」から「賞賛」に変えてくれるだろう。

あなたが望んでいること、つまり何を狙っているのか、何が欲しいのかを明確に公開すれば、「嫉妬」から「安心」に変えてもらえる。

そして純粋な利他の心でチームのために動いているあなたの真摯《しんし》な姿を理解すれば、きっと相手は「嫉妬」から「協力者」へと変わってくれることだろう。

理解してくれた協力者は、あなたを「選ばれる」人へ、より導いてくれる強い存在となる。


普通ならわかってくれるはずの、あなたの美しい姿。

それが相手に見えないのは、相手の目に霞《かすみ》がかかっているからだ。

最後の手段として、いま乗っているそのボートから下船する判断をする前に、1つ試してみてもいいことは、その相手の霞を取り除いてみることかも知れない。


今よりさらに裸になってみる。

無人販売店のようにさらけ出して、相手を信じて、懐《ふところ》に入れて好きなだけ持って行かせる。

大丈夫。あなたには「再現性」「再生能力」があるから、いくら取られても何度でも輝ける。

大丈夫。あなたの羨ましいほど素敵なところは、取られても無くならないところにあるのだから。

選ばれ続ける人がやっていること

嫉妬されそうになったら、こちらの手の内を相手に見せてしまう。

▼選ばれる自己紹介

あるビジネス交流会で体験した話をしよう。

誰も知り合いがいない場に交じりながら、そわそわしていると、やっと司会者がマイクを手にとって話し始めた。こういう場が苦手な者にとってみれば、誰かがイニシアティブを取ってくれて進行してもらえるのは、ホッとするものだ。

ところが、いきなりマイクを回しながら「1分間自己紹介」をすることになり、そのあと1時間半の歓談タイムにすると説明があった。

この手の交流会では、最近お決まりの流れなのだろうか。タイマーを使った「1分間の自己紹介」タイムは、どこに行っても見かけるようになった。

「自分が何者か」「自分がやっている仕事は何か」「どんな人を紹介してほしいか」を1分間にコンパクトにまとめて話さなければならない。しかも数十人話すので、特別に際立った話をしないと、誰も気にも留めてくれない厳しい状況だ。

私は運悪くトリを務めることになってしまった。自分が何を喋るべきかに気を取られてしまって、なおさら周りの人の話が耳に入ってこなかった。

そしてとうとう私の番がやってきてしまった。


取り敢えず、簡単に自己紹介や仕事の紹介はしてみる。ここで商品などを売り込んでも意味がないと思った私は、「こんなものを売っています」とも「こんな人を私に紹介してください」とも言わなかった。私は自分を売ることにしたのだ。

「私は特に売りたいと思っている商品もサービスもありません。だから紹介してほしい人もいません。でも私を助けてくれる有能な知人はいっぱいいるので、皆さんに紹介することはできます。折角こうやって皆さんとお会いできたのですから、私でお役に立てることがあれば、喜んで皆さんの相談に乗りたいと思います」とスピーチの最後は締めた。


そのあとの懇親会は大変なことになった。

なぜなら参加者全員が、私と名刺交換するために並び始めたからだ。

私は早くこの場から離れて帰りたい一心だったのだが、なぜか「選ばれた」人になってしまって、会の最後まで帰れなかった。

多くの人が「選んで欲しい」から、必死にPRする。それが商品やサービスなら、そのチャームポイントを必死に売り込む。それが近道だと勘違いしているようだ。

しかし、これが最も遠回りなやり方だと悟っていた方が良い。

買う側の気持ちになれば、すぐにわかることだ。いきなり商品やサービスの売り込みをされても、「眉唾」だと思って話半分でしか聞かないし、心が動かされることはまずない。

相手に正論を吐かれても、全く同じセリフでもそれを誰が言うかで、伝わり方が雲泥《うんでい》の差となる。

人に「選んでもらう」ためには、その人の心の中にある4つの「不」を順に取り除いていく必要があるのだ。

「不信」「不要」「不適」「不急」を順に取り除く

前述のビジネス交流会で多くの人が行っていたプレゼンは、「不信」感や「不要」感を取り除く努力をすっ飛ばして、いきなり「不適」感を解決しようと売り込んでしまったわけだ。「急がば回れ」とよく言う。まずは「不信」感を取り除くことから始めよう。これは仕事に限らず、人間関係においても恋愛においても、どんなケースでも言えることだろう。その努力を惜しんではいけない。

「不信」感を取り除くことに成功したら、次に取り掛かるのが「不要」感の排除だ。恋愛でも何でもそうだが、望んでいない人にPRしたところで不発に終わるのが関の山だ。恋愛の例で言えば、自分をPRするより先に、「あなたの今のもやもやした気持ちは、孤独感から来るのではないか。心を開いて話せるパートナーがいることで、その寂しさを解決できるのではないか」と、潜在ニーズに気づかせてあげて、「不要」感を取り除くことが次のステップとなる。

「不信」「不要」を取り除くことに成功したら、いよいよ「不適」感を取り除くステップに入ることができる。このフェーズに入って初めて、自己PRを思う存分しよう。言うまでもないことだが、自分視点ではなく、相手視点に立ってメリットを伝えることが大事である。

多くの人は、この「不適」感を取り除くことに成功したところで安心してしまうようだ。

しかし、ここからが「選ばれる」ための本領の出しどころである。営業職で言うならば「クロージング」テクニックと呼ばれるところだ。

「選ぶ」側の人は、それが自分に必要だと認識しても、まだ躊躇《ちゅうちょ》するものだ。「まだその時期ではないのではないか」「もう少し我慢したら、もっと安くなるのではないか」「もっといいものが出てくるのではないか」「今のままでも、もうしばらくは何とかなるのではないか」といった感情が躊躇させるわけである。この「不急」感を取り除くことに成功して、初めて「選んでいただける」ことに成功する。

希少感や鮮度を強調したり、いま選ぶことのメリットの大きさをしっかりと伝えたりして、相手の迷いを綺麗に消してあげること。これがクロージングで大事なこととなる。

選ばれ続ける人がやっていること

自己紹介では商品やサービスをいきなり売り込まない。

▼モノよりコト、コトよりヒトで勝負する

オフィスの近くに「平日ランチ唐揚げ食べ放題」の店ができた。私は唐揚げが大好物なので、行かずにはいられなかった。この店を2回目に訪問した時のことである。お店の人が、お皿に唐揚げを18個乗せて持ってきてくれたのである。

メニューを見ると「食べ放題の方は初回は10個となります。2回目以降は、欲しい数を言ってください」と書いてある。そして周りを見渡しても、18個も乗せて配っているテーブルはなかった。

実はこの店に初めて行った時に、私が18個以上をさらりと食べていたことを店長が覚えていてくれたのだ。もちろん、お店側としても小ロットで作って何度も持っていくより、どうせ食べてくれるのなら一気に持っていった方が効率が良いという理由もあっただろう。しかしそれよりも、お店の人が私のことを覚えていてくれたことが嬉しかった。**そのホスピタリティに感動した私は、この店に何度も通った。**

ある日夕食で、ステーキハウスに入った時のこと。

半分くらい食べたところでウェイターが肉の具合を聞いてきた。

食べられないことはないけれどちょっとレアだと呟いたら、作り直しますと引き下げて行った。

作り直している間、待たせている間が申し訳ないと美味しいスープをご馳走してくれ、新たなステーキを持ってきた。私はこの店によく通うようになったし、ことあるごとに周りにお勧めしている。


逆の体験もある。


オフィスの近くに、隠れ家的なカフェバーがあった。クチコミでしか知りようがない店だ。表から見ても、そこにカフェバーがあることには、なかなか気づけない。この店はじっくり話したい時に向いていた。実際、私もよく利用していて、常連客だった。

ある日、予約してあった1週間くらい前になってマスターから連絡が来た。

貸し切りの予約が入ったので、私の予約をキャンセルさせてほしいと言うのだ。気持ちはわかる。貸し切りとなれば、大きな売り上げになる。常連客の私だったら、融通を利かせてくれると計算したのだろう。

その気持ちもわかったから、取り敢えずは了承した。しかし、そのお詫びの印となる、替わりのサービスのオファーは言ってこなかった。

それ以来、私はこの店に行っていない。先日その店の前を通りかかったら、潰れていた。常連となっている店でも、気を抜くと気づかぬうちに「選ばれない」ことも起きる戒《いまし》めの事例だろう。

もう1つ事例をお話ししよう。今度は私が「選ぶ」側ではなくて、「選ばれる」側の話だ。危うく、お客様を失うことになりそうだった危機を無事すり抜けた時の話だ。

私が300戦無敗を幸運にも続けていた時の、その中の1つの事例だ。

ある日、大手のお客様から社にクレームが入った。

お客様は、こちらの対応の不備に激高し、契約を解消すると言い出した。担当営業は既に門前払いになってしまった。上司が謝りに行っても会ってもらえない。果ては、サポート本部長が謝りに行っても埒《らち》が明かない瀬戸際に追い込まれた。

最後の手段と、社長まで電話した。ベンチャーだからこそできた究極のリカバリー手段である。ところが、その社長の電話にもお客様は出てくれなかった。

私はその日、ベンチャーらしく私服で出社していた。そのお客様とは、まだお客様になる前の売り込み活動段階の時にお会いしたことがある。そして良い印象を持たれていることも感じていた。

失うものがないと思った私は、気転を利かしてみた。急遽、その日は私は休暇を取っていたという体《てい》にしてもらって、アポなしでそのお客様のところに私服のまま訪問した。電話しても出てくれないことはわかっていたので、強引な手段に打って出た。

休暇中だったが、出先からトラブルの話を聞き、休みを返上して駆けつけたという設定で、何とかお客様に会ってもらうことに成功した（笑）。

私ができることは、お怒りになっているお客様の話を聞くだけだったが、十分に同情し、お客様が言う怒りの言葉を冷静な言葉で置き換えながら要約していき、お客様が落ち着くまで聞くことに徹した。その要点を社内にも報告し、その過程をお客様にも報告した。

結局、そのお客様は自分の主張を認めてもらえたことが嬉しかったらしく落ち着いて、そのトラブルは無事に解決した。解決と共にすぐに追加オーダーまでしてくれ、いいお得意先になった。

テレビCMでその会社を見る度に思い出す、思い出となっている（笑）。

不利な状況でも、諦める必要はない。

あなたが提案しているモノが選ばれづらいものだったとしても、あなた自身が「選ばれる」人になればいいのだ。

振る舞いは大いなる武器となる。

選ばれ続ける人がやっていること

逆境でも誠意で接することを忘れない。

▼相手に合わせた説得の仕方

本章の「選ばれる自己紹介」（193ページ）で、相手を説得するにはそのフェーズに合わせて、「4つの不」を順に取り除いていくことが重要だという話をした。

この項では切り口を変えて、時間軸ではなく相手のタイプに合わせて4つの強調ポイントを用意しておくことで、説得力が上がる話をしたい。

人によっては、賞賛に繋がるプロジェクトの提案を好むタイプがいる。そこに参加する人たちの場に活気が生まれることを是とする価値観だ。理屈よりも直感を大事にするタイプなので、提案するにあたっては響くメッセージを用意することが大事である。提案資料には、実例を多く載せ、成功した暁の報酬を示すことで、きっと選んでもらえる。

人によっては、みんなからの同意を重視する人もいる。チーム内に反対する人がいると成功への大きな阻害要因になりかねないし、チーム内が同じベクトルに向くことで大いなる成果に繋がることを知っているからだ。仁義を重んじて、しっぺ返しが起きないようにことを進める。人間にはミスがつきものなので、多くの人が賛同することは、ある意味、間違った選択をしないための保険ともなる。こんなタイプの人には、提案内容にしっかりした保証があることや支持があることをきちんと明記することで、選んでもらえるようになる。

人によっては、プロセスを重視する人もいる。プロセスがしっかりしていれば、自ずと求める結果が出やすくなることを知っているからだ。感情を交えずに、論理的に正しいことを示すことで、ブレずに精度の高い結果を出せる。いわゆる理論派タイプの人だ。こんなタイプの人に提案する時は、確証や現実性をしっかりと示すことで説得力が増し、選んでもらえるようになる。

人によっては、結論から聞きたがる人もいる。回りくどい説明は、一見論理的に見えて、実のところ誤魔化しに使われることが多いことを知っているからだ。先に結論から説明する方が選ばれやすくなる。権力志向の強い人にこのタイプが多いので、最後に「自分が選んだ」という意識を持ってもらうことも大事である。だから選択の余地があることを示し、それぞれの確率やメリット、デメリットを示しながら、どれにするか選択してもらうやり方を取ることで、こちらの提案を選んでもらえるようになる。現実派がこのタイプだ。

「十人十色」とは言うが、私の体験上思うことは、大きく分類してこの4パターンを認識して対応することで、大方の人をカバーできる。相手が望むパターンで提案することが、そのまま「選ばれる」ことに繋がってくるので、これらの4パターンは常に意識しておいた方がよい。ただ相手がどのタイプかを見極めるのは容易ではないし、相手が1人ではなく複数人のケースも多いだろう。同時に複数のパターンに対応せねばならない時も多い。だから、提案する時は、これらの4つをチェックポイントにして、どれも網羅された提案内容になっているか検証するのが良いだろう。

ひとたび提案の骨子が出来上がったところで、改めてこの4パターンに対応できているかも検証するわけだ。

この提案は魅力的に仕上がっていて、感動を呼べるかどうか。社会性があるかどうか。参加するメンバーがワクワクできるような内容になっているかどうか。

この提案は根回しがきちんとできているかどうか。賛同の声を多数載せていて説得力ある内容になっているかどうか。

この提案は論理的に良さを説明できているかどうか。細部まできちんと把握してあって、破綻した内容になっていないかどうか。

この提案は実現可能で現実的な内容になっているかどうか。結果や効果、それに必要な行動が見える形になっているかどうか。そしてオプションとして、選択肢も提示されているかどうか。

これらのポイントを網羅し、提案内容を準備すれば、どんな相手が来ても、「選ばれる」提案に近づけることができる。

ここで大事なことは、相手を4つのパターンのどれかだと決めつけないことだ。人をタイプ別に分類して判断して決めつけることほど、人を見誤ることはない。人は、その時の状況や心情で変化するものである。今日は結果志向が強いなと感じていた人が、次の日にはプロセスを重視していたりするものである。今日はやけに人の目を気にしているなと思っていたら、次の日には大胆に華々しく斬新な方針を打ち立てていたりするものである。今日は事実を淡々と見つめているなと思ったら、次の日には義理人情の世界で動いていたりもする。

変化するのが人間だと捉えていた方が良い。

世の中には、まるで占いのように、人をパターンで分けたがる傾向がある。実際、私もこの4パターンに分類する手法で似たものを沢山見て来た。それら4パターンにそれぞれネーミングを付けて、それらしく装飾して説明している。

それもあったので、私はこれらの4パターンには名前を付けずに説明してみた。

この、人におけるタイプ分析においては、世に出回っているどの分類法も、クアドラント分析（縦軸横軸それぞれに指標を置いて、4分割して説明する分析手法）を使っているものが多い。そして大同小異である。ネーミングはさておき、ここではその4つのパターンを見分けるための縦軸の指標と横軸の指標について述べておきたい。

それを知ることで、人を見極めやすくなるからである。

その2つの軸のうちの1つは、結果志向が強いのか、経過志向が強いのかで見極めることである。もう1つの指標が人間志向が強いのか、事実志向が強いのかである。この2軸で見れば容易に判断できるし、前述の4つのパターンのどれに当てはまるかを見極めることができるようになる。

ただし繰り返すが、大事なことは、人を1つのパターンに固定しないことである。環境や心境で都度変わると心得ていた方が良い。提案する時に心がけるべきは、どの心境になったとしても対応できるように、網羅して準備することである。

これがより「選ばれる」ためのコツとなる。

選ばれ続ける人がやっていること

4パターンを理解しておき、常にそれぞれに合わせた準備をしておく。

第5章

5年後の自分に相談せよ
——「選ばれ続ける人」の考え方

井下田さんの実体験を通して、「行動」「スピード」「人づきあい」が大事だということを教えてもらったわけですが、「これは負ける！」と思った「根性論戦略」のエピソードは「考え方」が大事、ということですね。

人から選んでもらう時に、最後に見抜かれるのはその人の姿勢、ものの考え方です。そのことについて、最後にご説明したいと思います。

とても大事な気がしますが、なんとなく難しそうな気もします。今までのものに比べて、目に見えないものですから。

なるほど。そうかも知れませんね。でも、心配はいりませんよ。私が説明したいのは、主に、「こう考えると楽ですよ」というヒントです。例えば、有名な話ですが、コップに半分入っている水。それを半分「も」残っていると見るか、半分「しか」残っていないと見るか。そういうものの見方のヒントです。

例えば、コンプレックス。堕落のきっかけにもなるし、飛躍へのきっかけにもなるんですよね。ちなみに私は、小学校の時に同級生に「音痴だね」と言われて以来、歌うことが苦手になりました。

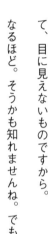

私はスポーツが苦手です。特に球技。私のミスでチームが負けるんじゃないかと思って、いつもガチガチになってしまいます。それと、大勢の前で喋ること。カラオケで歌うのは好きなんですけどね。

というふうに自分のコンプレックスを口にすることで、人と親しくなれますよね。これも、コンプレックスの上手な使い方といえるんじゃないでしょうか？

あら！　なるほど、たしかにそうですね。ものの見方って大事なんだ。

映画化もされたコミック『ミステリと言う勿れ』で、「真実は人の数だけあるんですよ」「でも事実は一つです」と、主人公が言ってました。

うわ。気になる。コナン君と違うんですね。その作品、今度読んでみます。

あ、そうそう、大事なことを言い忘れていました。選ばれる人は、実は選んでいるんですよ。

え？　どういうことですか？

ごめんなさい、これだけじゃわかりづらいですよね。じゃあ、このことから説明しましょう。

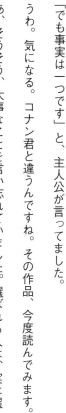

▼「選ばれる人」は、実は「選んでいる」

「若者しごと白書2023」によれば、満18歳から29歳、1000人の男女正社員のなんと約5人に1人（18・2％）が「転職活動中」なのだそうだ。

さらに、現在転職活動をしていない人も、およそ4割が「将来的に転職を検討している」との結果が出ている。

かつて終身雇用が一般的だった時代では、1度選ばれて就職すればよかったかも知れない。

しかし、現代では、「選ばれ続けること」が、生き抜いていく上で、とても重要な武器になっている。

1つの結論を申し上げよう。

「選ばれる」人たちが心がけている大事な行動指針の1つは、「選ばれること」よりも、むしろ「選ぶこと」を重視しているという点だ。

実は、それがたまたま運よく「選ばれる」体験をするだけではなく、常に「選ばれ続ける」存在になるための大事な心がけなのだ。

どういうことなのか？

白状すると、私自身、「選ばれる」ことよりも、「選ぶこと」のほうに重きを置いた人生を過ごしてきた。

例えば、大学を卒業して社会人になる時に、周りの同期は数十社の面接を受けていたが、私はＩＢＭ１社しか受けなかった。

その後、数度の転職経験があるが、すべて「選んだ」感覚で転職している。

ベンチャーに転じた時は、社長に直接メールをして、「こんな私を欲しくはないか？」と訴えて転職した。

そのあと中堅企業に転職した時も、そのあと一部上場の企業に転職した時も、入社前に会議に参加させてもらって、内心では、私のほうから、社風を探り、社員たちを面接させてもらうつもりで「選んで」入社した。

ちょっとした逆転の発想だ。

このように、常にこちらが主導になって「選び続ける」感覚で能動的に行動し、変化を続けていると、不思議なことに「選ばれる人」になることができる。

「自分にはそんな実力がない」と考えることはない。

これは、基本的な姿勢の話なのだ。

受験なら、「さあ、どこの大学に入ってやろうか」、就職なら「どの会社に入社してやろうか」と、「こちらが選ぶ」というスタンスになることが大切。

私の知る限り、「選ばれ続けている人」は、共通して、そういう発想をしている。

もちろん、本当にそれを選べるかどうかは、普段から人に判断を依存せずに、自分で選ぶ習慣を持っておくことが大事である。世の中、複雑化して判断が難しくなってきているのはわかる。情報化社会になり便利になったと思いきや、逆に情報過多となり、自分で最適なものを選ぶのが億劫《おっくう》な時代にもなってきた。しかし、それをいつも他人のせいにしたり、判断を誰かに依存していたりしたら、いつまでも自分で選ぶ意識は芽生えてこない。

これを端的に言えば「自責」意識と言えるだろうか。「こちらが選ぶ」というスタンスを保つには、常に自責で成長していることが必要だ。


こちらから選んだものに、「選んでもらう」ために、自ら成長する。

これが「選ばれ続ける」存在になるための好循環なのだ。


あなたは、それが「選ばれる」場でも「選んで」いるだろうか？

面接の場でも、面接者よりも多くの質問をしているだろうか？

「選ぶ」という能動的感覚を持つことは、相手から見ても信頼感に繋がるし、自分を卑屈にさせず、常に前向きに生きるためにも、とても大切な感覚だ。

何事もまさに「人事を尽くして天命を待つ」の感覚で、前に進もう。

「選ばれないこと」を、敢えて「選んだ」経験

ちょっと苦い経験についても紹介しよう。

ひと言で言えば、「選ばれないことを自ら選んだ話」だ。


独立して起業し、2つの会社を経営していた時のこと。

あるITベンチャーからヘッドハンター経由で「社長になる気はないか」という打診があった。私にとっては3つ目の会社の社長をしないかという話だった。

話を聞くと、現任の社長が海外に進出する関係上、日本法人の社長を誰かに任せたいという話だった。

志も良い会社で、とても共鳴して私も乗り気になった。

社長面接を無事パスし、最後は全社員の前で30分間のプレゼンテーションをして、8割の社員がOKを出せば、晴れて就任決定という段取りに。

プレゼンテーションのテーマは、「今後10年間で売り上げを2倍にする事業計画」とのことだった。

はっきり言って、かなりハードな内容だ。社員にしてみれば、自分の最上上司となる社長を面接するわけだから、厳しいレビューになるのも当然のことだろう。

聞けば、私以外に社長面接を通った人が7人いて、私を含む8人が全社員へのプレゼンテーションに挑んだ。

さて、プレゼンテーションの当日。私の順番は、最後の8人目。

さすがに、たった30分のプレゼンテーションで、8割の社員にGOを出させるのは至難のワザだったのだろう。案の定、私の前の7人の候補者たちは、社員8割の承認を得られなかったという情報が入ってきた。

そして、いよいよ私の番になった。

この日のプレゼンテーションで、私が「選ばれるため」に考えたのは、次のようなことだ。

「無難なプレゼンテーションでは、たぶん、社員8割の承認は得られない」

「薄利多売系のビジネスモデルの会社なので、少しくらい営業力を伸ばしても、今後10年間で売り上げを2倍にするのは難しい」

「おそらく、他の候補者は、営業力強化の計画を立てるに違いないが、そんな計画に無理があることは社員にはバレてしまうだろう」

これらの考えから、私は営業力を伸ばす計画ではなくて、商品力を上げる計画を提案した。

そして、「商品力を上げて自然と売れるようにしよう。社員もワクワクできる活動にしよう」と締めくくった。

数日後、ヘッドハンターから「おめでとう」の連絡が入った。

ありがたいことに、私の提案は、8割を超える社員に「選んでもらえた」のだ。


ところが……ここで予期せぬ事態が。

喜んだのも束《つか》の間《ま》、後日、当の社長が「やっぱり、今回の話はやめた」と言い出して、すべてが白紙に戻ってしまったのだ。

最終決定を社員の判断に委《ゆだ》ねたはずなのに、その権限を取り上げることは社員たちにとても失礼だし、選ばれた私にも、間に入っていたヘッドハンターにも失礼な話だ。

ヘッドハンターは激怒していたが、私自身はなんだか不思議と冷静で、ご縁がなかったと、あっさり諦めることにした。置き土産というわけではなかったが、プレゼンテーションを作るにあたって調べた競合情報など、有用な情報はすべてその会社にお渡しして、潔く縁を切らせていただいた。「来た時よりも、美しく」の精神だ。

社員からは、正当に選んでもらえたわけだから、ゴネることも可能だった。間に入ったヘッドハンターと一緒に交渉し、社長を説得することもできただろう。なにせ社員8割は私を受け入れたわけだから、そこを突けば結果が翻る可能性も高く、私にはこだわる選択肢もあったわけだ。

しかし、結果的に私は、社長に「選ばれなかったこと」を、敢えて「自分から選んだ」という思いに気持ちを変えた。社長のワンマン過ぎる体制では、もし私が仮に社長になったとしても、その社長任せの文化を変えるのに途方もない労力がかかると考え直したのだ。きっと社員たちは、上司になり社長になる私の承認を取りつつ、常に同時に海外にいる実質的ボスにもメールでお伺いを立てなければならなくなることが容易に想像できた。

だからここでゴネるのではなく、能動的に関係を断つという選択を私自身もした。つまり、もし社員たちが社長に直談判して「社長、私たちに判断を委ねると言ったじゃないですか。約束が違います！」と言って、社長も反省して、「やはり、あなたを社長として迎え入れたい」と言って来たとしても、私は断る気持ちになったのだ。

後日談で聞いた話だが、後任の社長はしばらく決まらなかったらしい。気持ちを切り替えたので、私は過去の良い経験として記憶に残し、その会社のことを詳しくはチェックしていないが、ホームページを見る限り、ずっとその社長が居座っているように見える。

これは、一見、苦い経験ではあったが、むしろ社長面接も通り、8割の社員に受け入れてもらえたことで、「選ばれた」感覚の方が強く残っているいい思い出だ。

私にとっては、自信に還元することができた「良い経験」になった。

世の中には、「選ばれる」「選ばれない」と受動的な現象も多いが、どんな環境下にいても、常に能動的に「選んでいる」感覚でいることがとても大事なのだと思う。

選ばれ続ける人がやっていること

面接の時は、こちらからも面接官に質問する。

▼選ばれる人は時間軸が長い

言うまでもないことだが、1度「選ばれる」だけなら幸運で起こることもあるし、小手先のテクニックに頼って「選ばれる」ことを実現する術《すべ》もあるかも知れないが、「選ばれ続ける」となると、当然実力を伴わないと実現できない。

実力をつけるには、残念ながら時間をかけて努力する必要があって、楽してできるようになる道は用意されていない。ただ、がむしゃらに努力すれば実力がついて、「選ばれる」ようになることが保障されるわけではない。できれば徒労に終わるような無駄な努力をしないことだ。心が折れないように合理的に努力をし続けつつ、長い時間軸で達成すればよいと腹を据えた人が「選ばれる」人になっていく。

私も数々の挫折をして来たが、最も辛かった挫折は自分の挫折ではなくて、息子の挫折だった。自分の挫折なら、自分で「切り替え」のスイッチを押せる。過去のトラウマに引きずられないよう、新たな夢のある目標を見つけて、勇気を出して進むための、スイッチを押すことができる。ところが、自分以外の人の挫折を立ち直らせるのは難しい。他人がそのスイッチを押しても起動しないからだ。本人にそのスイッチを押させる必要がある。

その「自分以外の人」が愛する我が子の場合は、それはそれは歯がゆい思いをして、本人がそのスイッチを押すまで見守ることになる。

私はそれがまるでカーリングのスポーツのように感じてしまう。カーリングでは、投げ出されたストーンにはもう触れない。子育てと一緒だ。一度自立させたら、見守るしかないのだ。滑って来るストーンを「もうちょっとこっちに来い」とブラシで手前を掃いて、少しでも願う方向に進むように微調整するだけである。子育ても同じで、親が背中を見せながら、行くべき方向を示唆《しさ》して見せるだけだ。

私の息子の場合は、ラグビーのワールドカップ出場を目指して頑張っていた。親馬鹿ながら、その可能性は十分にあると思っていた。ところがある日、試合で左ひざの前十字靭帯を断裂してしまう。まだ成長期の段階での膝の靭帯断裂は成長に大きく影響を与えるもので大変だった。左右の成長の段階がずれてはいけないからだ。それでも親子で頑張り、1年のリハビリを乗り越えて復帰することになる。しかし、そこで今度は肩の骨を折ってしまい、また1年を棒に振る羽目になる。

この時の「俺はもうダメかも知れない。俺は何をチャレンジしてもダメなんだよな」という息子の挫折の言葉は、今でも耳にこびりついている。

その時私が思わず呟いた言葉がある。

「いや、ラグビーだけが人生じゃないさ。どんなジャンルだっていい。どんなジャンルでも3年頑張れば、その道でプロになれるよ」

この無責任とも取れる言葉を吐いてしまった私が取った行動は、それを自分で証明することだった。

一部上場の企業の役員で順風満帆《じゅんぷうまんぱん》だった私だったが、将来の人生設計を見据えていて、モヤモヤしている状態でもあった。「このまま流れに任せて定年まで過ごしてしまって、果たして自分は大丈夫なのだろうか」「未来を読む仕事をしていて、結構未来を当てることができているのに、振り返ってみると、口で言っているだけで、何一つ実現できていない状態じゃないか。そんな生き方を続けていていいのだろうか」と疑問が湧いていたのだった。そんな私の背中を押してくれたのが、息子の挫折だったのだ。

「わかったよ。3年あれば何でもできるようになること。俺が自ら証明してやるよ」と言って、思いきりよく会社を辞めてしまった。過去の栄光、過去の人脈すべてゼロリセットをして、3年でどこまでできるかのチャレンジをしたのだった。その結果、会社の看板がなくても仕事が舞い込むようになり、プログラミングという新たなスキルを身に付けることもできて、今では仕事人生を謳歌《おうか》している。心配していた人脈も、全く心配無用だった。薄い人脈はこの機会に断捨離することができ、質の高い人脈を増やすことになり、人づきあいも充実している。

今だから言えるのだが、「息子のせいで」ではなく、息子のおかげで、私は幸せな日々を過ごせている。仕事内容で無駄な作業がなくなり濃く充実した日々となった。時間も人間関係も自分の選択で選んで過ごすことができている。不健康に繋がるような無理をすることが一切なくなったのだ。

3年くらいの時間軸で人生を見ていけば、やりたいことを実現できる体感と喜びを知ることができるものだと痛感する。

世間でよく言われる言葉に「その道の専門家になるなら、1万時間は死に物狂いで特訓しろ」というのがある。確かに1万時間かければ、専門家になれそうな気がするし、説得力があると思う。

ある日、ふと計算をしてみた。毎日寝食以外を特訓に費やすとして、毎日9時間の時間をかけるとしたら、1万時間はどのくらいの期間になるだろうかと。これが偶然にも約3年なのである。

楽して実力をつける近道はないのだが、その気になれば3年やり続ける覚悟さえ持てば、その道のプロになれる。その自信と覚悟を手に入れれば、人生の勝ち組になれる。

本当にやりたいことがあるのなら、そのくらいの長い時間を努力して、実力として身に付ける覚悟を持って欲しい。その時間を楽しめる前向きさを持ち合わせて欲しい。気づいて欲しい。世の中では、時間軸が長い人を評価して選んでいることを。

選ばれ続ける人がやっていること

「3年間は続ける」というつもりで始める。

▼「君子《くんし》不占《うらなわず》」という考え方

無我夢中になる経験をせずに一生を終えたら、人生はあまりにも勿体ない。

個人差はあれど、およそ7億回呼吸をしたら終わってしまう人生。

1日無駄に過ごせば、呼吸の2万回は消費されてしまう。


行きたい場所には、自分で行かなければ意味がない。

誰かが用意してくれた道のりを歩んでも、感動が減ってしまう。

あの震えるような感動は、やってくるものではなくて取りにいくものだと思い出した方が良い。


あなたの周りの「選ばれ続けている」人たちを観察してみると、きっと見えてくる共通項があるはずだ。

無我夢中に歩んでいるから、「選ばれた」という結果にすら目を向けず、その先の行きたい場所を見つめているはずだ。無我夢中だから「待つ」姿勢がない。受け身でいる暇がないのだ。

彼らは、「占う」とか「祈る」とか「運気」といった依存性の高い言葉は滅多に使わない。見渡してみてほしい。努力なしに、道が拓けた人は1人でもいるかどうか。

斜に構えて努力を嘲笑するよりも、成長と共に努力自体を楽しむ方が、遥かに満足感がある。

もしあなたが自分の行きたい場所がわからなくなり、どちらの道に進んだらいいのか迷う局面にぶつかった時は、占いとか運に任せたりせずに、面倒そうな道を選ぶことにしよう。

ここまで書いて、さらなる気づきがあった。

というのも、この本を担当してくださっている編集者から、私の事例を載せてほしいと頼まれて、いくら思いあぐねても相応しい事例が思いつかないことに気づいたからだ。

占いや運に任せたがゆえに失敗した人たちの例はいくらでも思いつくのだが、運に任せる選択ができるのにその選択はせずに敢えて面倒そうな道を選んで成功した自分の事例は、思いつかないのだ。

思い起こしてみると、思いつく事例はどれも最初から努力覚悟で運に頼るつもりは毛頭なかったことに気づいた。もっと言えば、運に任せられるような選択肢がある道すら選んでいない。

考えてみると、選ばれる人たちは、選ばれるために運に頼る要素を一切考えていない。険しい道を乗り越えて成長した暁に、自ずと選ばれる人間になるとわかっているからだ。

そうは言っても、編集者のリクエストに応えるために、必死に事例を考えてみた。

就職や転職の時は、噂や評判だけに流されず、自ら足を運んで社員たちの顔色やオフィスの雰囲気を観察して選んだ。

息子が大怪我をした時も、怪しい療法の誘いはたくさんあったがそんなものには耳を貸さずに、セカンドオピニオンを使って5つの有名病院を回った。そのおかげで、難しいとされていた手術を行ってくれる病院に出会うことができた。

引っ越しの時も、風水とか方角とかは無視し、数多くの物件を下見に行って、この目でたしかめることで気にいる物件に出会うことができた。

占いや運に任せないことの利点は他にもある。

自分が納得ずくで選んだものとは違い、他による選択に委《ゆだ》ねるということは他責にしやすくなり、後悔の念を生みやすくしてしまう。そんな他責にする人たちと出会う確率を高めてしまうリスクがある。

逆に自分の道はまだわからなくとも、運の要素を排除して努力の道を選んで歩む方が、自ら切り拓く力を持っている人たちと出会う確率が増え、いい刺激やきっかけをもらい、切磋《せっさ》琢磨《たくま》できるはずだ。

本気は、そこから始まる。

本気が奇跡を創ることを知っておいて欲しい。

しっかりと先読みする習慣を怠らなければ、占う必要もない。

怠けているから、占いたくなるというものだ。

やるべきことをやり切れば不安もなくなり、本番を楽しむことができる。

結果が気にならなくなるほど、やり切ってみることだ。


例えばもしそれがオーディションの場だったとしたなら、落とした人たちを後悔させるほど成長すればいい。「選ばれなかった」自分が悪いと思うよりも、「選ばなかった」相手を「でかい魚を逃してしまったね」と憐れむことができるほど、自分の成長に価値を見出せばいい。

例えばもし自分が提案した「良い解決策」があったとして、それを誰もやってくれないのだとしたら、自分でプロデュースして実現すればいい。

依存するから、占いたくなるだけの話だ。


「選ばれる」という結果は、自分が目指す道程の途中に置いたマイルストーンに過ぎない。自分が置いた、途中経過に一喜一憂するのは馬鹿げている。

「自分を幸せにできなければ、他人を幸せになんてできないよ」という甘い言葉にも惑わされてはいけない。私はこれを「シャンパンタワーの罠」と呼んでいる。一見美しく見えるこの理屈には隠されたトリックがある。一番上に載っている「自分」というシャンパングラスは、下にこぼすより先に、自分自身がどんどん膨張するグラスなのだ。

自分を満たして、利他の心で活動しようと思っていたはずなのに、自分のグラスはいつまで経っても満タンにならずに、下で待っているグラスは空のままで終わる。

自分のグラスにシャンパンを注ぐのは、もちろん大事なことだが、グラスの底にほどよい大きさの穴を開けておくぐらいがちょうど良い。自分を満たしつつ、同時に周りの幸せも願う心を大切にしよう。

「怠ける」「自分を甘やかす」という我欲は、生存本能がある生物の一員である以上、存在を否定することはできない。無理して利他の心で突き進んでも、きっと限界を迎えるであろう。我欲とはほどよく付き合いながらコントロールするのが良い。私たちには我欲もあれば、我欲では説明しきれない意欲、つまり「志」と呼ばれる欲望も持っている。この「志」を刺激して、我欲を満たすより大きな感動や喜びを味わう経験を持つことが大事だ。

これを繰り返し続けることで、次のステージに進むことができる。

たった7億回の呼吸の間に、あなたはどんな足跡を遺したいだろうか。

震えるような感動は、待っていてもやってこない。あなたがやってくるのを待っている。

腹をくくろう。「逃げ切り」はあなたの辞書には載っていないことを。

運に任せずに、行きたい場所に自分で行く。これが7億回の呼吸の中ですべき正しき選択だ。それを自分で「選ぼう」。

選ばれ続ける人がやっていること

迷ったら「面倒そうな道」を選ぶ。

▼徹底さが導く吸引力

前章で紹介した「唐揚げ食べ放題」の事例（１９８ページ）では、お店の人のホスピタリティも素晴らしかったが、私が唐揚げを18個以上も食べて、強烈な印象を残したことも大きかったことだろう。

徹底的に行うことで、突き抜けて目立ち、それがブランドというか、「選ばれる」要因になることがある。

少し恥ずかしい話をしようと思う。

親に感謝するなんてことは、恥ずかしくて私には一生できないことの１つだろうと10代の頃は感じていた。それでも20歳になった時に、勇気を出して薔薇《ばら》を20本買って、母の日に渡した。恥ずかしくて目を合わせられずに、顔を背《そむ》けながらそっけなく渡したのを今でも覚えている。当時の薔薇は１本５００円もして高かった。花を買ったことすらない私には、薔薇20本は別世界のものを手に持った気分だった。

勇気を出したこの年から母が他界するまでの30数年間、毎年、母の日と母の誕生日には、薔薇を渡している。

いつからだったかは覚えていないが、私は薔薇の「全部買い」をするようになった。花屋さんに行って、「置いてある薔薇を全部ください」と言うのだ。

場の空気が固まるのがわかる瞬間だ。その場にいるお客様、店員、全員が一斉にこちらを向くのがわかる。照れた顔をするのも恥ずかしいので、顔色を変えないように下向き加減で、薔薇が包まれて用意されるまで待つ。

最も恥ずかしいのは、その薔薇を家まで持って帰るまでの道のりだ。

実は恥ずかしかったのは最初の年だけだったのかも知れない。というのも、初年度のその強烈な出来事で、私はお店の人に一発で顔を覚えられたからだ。

2年目に訪れると、お店の人から「薔薇全部ですか？」と言われるようになった。

誰もができることを誰もができないほどやる

良い意味で突き抜けると、その人のブランドになる。

そのブランドがあれば、「選ばれ」やすくなるのも事実だ。毎回勝負しなくても済む。「この人はやってくれるはずだ」との信頼感に繋がり、効率よく「選んで」もらえるようになる。

そしてこれが大事なことなのだが、その突き抜けることは、その人しかできないような特別な能力でなくても大丈夫だということだ。大事なことは、誰もができることでも、誰もができないほどやり続けることに意義が出てくる。

面白いことに、能力を付けて秀でることに勤《いそ》しもうとする人は多いが、愚直に続けようとする人は意外と少ないもので、ブランドという観点で言えば、続けている人の方が強烈に印象づけることができる。

前職の話になるが、社員が2700人いる東証一部上場企業に転職した時は、いきなり役員として、ソフトウェア開発部門の責任者として就任した。歴史がある会社だし、下から地道に働いて出世してきた者にとってみれば、外からひょいと入ってきて、いきなり「上から目線」で話すような人が同じ職場になるのは気持ちの良いものではないだろうと思った。

私は私で、新参者として見くびられないために必死だった。社員の名前を必死に覚え、扱っている商材を独力でお客様に説明できるように必死に触って覚え、さらには能力的にもそれなりにあると認識してもらうために、無我夢中だった。しかし、その忙しさは少しも言い訳にはならないこともわかっていた。

私は、毎朝早めに出勤しオフィスに着くと、自分の席から最も遠いドアから入るようにした。なぜならそうすることで全員に挨拶することができるからである。

朝に笑顔で挨拶や会釈を交わした相手と、その日に険悪になることは難しい。挨拶なんて誰でもできることだし、当たり前のことであるが、これを毎朝、できるだけ全員とすることにこだわった。数年続けてわかったことだが、私のように「誰でもできる」挨拶を「誰もができないほど」続けている人は、私以外に1人だけだったようだ。

社内で回覧している雑誌にも目を付けた。

会社にとって重要だろうと認識しているから定期購読をしているのだろうが、意外と読んでいる人は少なく、かなり勿体ないことをしている。読めば、それなりに有用な情報が書かれているのにもかかわらずだ。

まずは「日経ビジネス」から私は手を付けた。読んだら、要約して社内メールで情報共有することを宣言し、「日経ビジネス」は会社に届いたら、まず私のところに持ってくるような運用にしてもらった。約束通りに、私は真っ先に熟読し、要約を書いて、社内メールで共有し、所定の場所に雑誌を戻した。結局、私がこの会社を辞めたあとも、会社は私にその雑誌を郵送してくれ、読んだあとに返信用封筒で返す運用を合計10年以上続けたことになる。

この「誰もができることを誰もができないほどやる」突き抜けた行動で何が起きたか。

メリットは、私が想像していたものより大きかった。

まず大事な情報が真っ先に私に届くようになった。情報は早ければ早いほど価値が上がる。私は武器を手にしたわけだ。

次にメリットを感じたことは、私が社内で情報通として認識されたことだ。「彼ならいろいろ知っている」「彼に最新情報を渡しておけば、まとめておいてくれる」と、どんどん情報が私に集まるようになった。この流れから、「日経ビジネス」のあとに、「日経コンピュータ」も私の手元に真っ先に届くようになった。

そして最大のメリットは、仲間からもお客様からも信頼されるようになったことだ。**私は誰もができる当たり前のことを続けただけなのに、自然と「選ばれる」存在になったのだ。**

これまで挙げた事例はどれもそうだが、こういった作業は手間がかかり、面倒くさいことだろう。しかし手を抜かないことで、人と寄り添う良い手段となっている。

平凡な私でもできることだった。

愚直にさえ成れば良い。

選ばれ続ける人がやっていること

地味なことでも、突き抜けてしまえば感動を呼ぶ。

▼コンプレックスは武器になる

誰もが持っているコンプレックス。

「なぜ自分だけがこんな不幸なことに?!」と思ってしまうコンプレックス。

「劣等感」は誰かと比べないと起きない感情なのに、人の目を意識している自分にも気づいて、さらに落ち込みに拍車をかけてしまう。

前述した（175ページ）が、私は幼稚園の時、虐められていた。

ウルトラマンごっこをすると毎回怪獣しかやらせてもらえなかった。

卒園直前の最後のウルトラマンごっこの時、初めてウルトラマンをやらせてもらえた。

喜んだのも束の間、その日は、ウルトラマンがゼットンに負ける日だった。

私にとっては絶対に忘れられない強烈な記憶にもかかわらず、そんな悲劇は、私以外の誰の記憶にも残っていない。

それ以来、人づきあいが下手になり、ついつい作り笑顔で場を和《なご》まそうとする人間が出来上がっていた。


小学校の音楽の時間、歌っていたら、隣にいた同級生が「音痴だね」と呟いた。

それがトラウマとなり、二度と歌えなくなった。

その同級生は、人を傷付けた自覚さえないだろう。

大学1年生の時、宴会の時に1年生恒例で、歌わされたことがあった。

恥を忍んで一所懸命歌ったが、大人数に馬鹿にされてネタにされた。

一生歌わない自分の出来上がりだった。


国語が大の苦手だった。それに対して数学は、感性という曖昧な概念が入る余地もないので、ダメな自分を浮き彫りにせずに済むので大好きになった。

国語力がない私は、当然のごとく人前で話すのが苦手で、プレゼンなんてあり得ない場だった。

飲み会は大の苦手で、義理で参加した会でも、いつも1次会でどうやって抜け出すかばかりを考えていた。

こんな私を意外に思うかも知れない。なぜならこの本を今私が書いているからだ。

人は、もしかしたら変われるのかも知れない。

自分でも自分のことが信じられないが、SNSに頭の中に湧いて来た「思い」を書くと、「いいね」が1000以上付くことがある。最低でも500は付いている。文章を書くのが苦手だった私だからこそわかる人の気持ちがあり、その思いが筆を動かしている。

苦手だった人前で話すこともそうだ。今では、1時間半の講演を年に100回近くこなすスケジュールを30年以上も続けている。

テレビの朝の情報番組「スッキリ」でコメンテーターとして出演するなんて考えられない、というかあり得ない出来事だった。

コンプレックスって何だろう……。

ぜひ、この機会に**自分のコンプレックスに向き合ってみて欲しい。**

離れる、諦めることが正解なことだってある。

克服することが正解なことだってある。

無難にやり過ごすのが正解なことだってある。


やってはいけないことは、コンプレックスを逃げる言い訳にすることだ。

諦める勇気もあれば、克服する勇気もあるし、凌ぐ勇気もある。

堕落へのきっかけにもできるし、飛躍へのきっかけにもできるのがコンプレックスだ。


何も起きない無味乾燥な日々を送るよりも、コンプレックスが生まれたことに感謝すべきなのかも知れない。

大事なのは、そのコンプレックスをどう料理するかだろう。

「劣る」というあの恥ずかしい気持ちは、心に刻まれるほど強烈だから、持続性のあるエネルギーに換えることができる。

コンプレックスのおかげで、人の痛みがわかるから、優しくなれる。
コンプレックスのおかげで、何が難しいかがわかるから、易しく説明できる。
コンプレックスのおかげで、「Ｗｈｙ」をよく考えるようになれたから、物事の深みが理解できる。
だから。

コンプレックスは大いなる武器になる。

あなたのその優しさをどうか捨てないで欲しい。
傷付くほどのその深い思いをバネに利用しよう。

コンプレックスを克服した時、それは「選ばれる」大いなる原動力になる。

選ばれ続ける人がやっていること

自分のコンプレックスに正面から向き合う。

▼絶対0度の考え方

気温には摂氏と華氏があるが、どちらにも0度がある。そしてマイナスの世界とプラスの世界をなんとなく受け入れている。気温にマイナスという概念があることを、誰も不思議に思わないのも面白い。

ちなみに摂氏0度は、水が凍る温度であり、摂氏100度は水が沸騰する温度だ。地球上では標準的な位置づけの水の性質を基準に尺度が設けられている。

華氏も実は生活に根づいてつけられた尺度だ。華氏0度は海が凍る温度で、華氏100度は羊の体温として、そこからつけられたとしている。

人間の体温である摂氏36度を0度とする尺度があってもおかしくなかったかも知れない。

そして実は温度には、絶対0度という尺度がある。物理的に最も低い温度を0度とした尺度である。マイナスという概念がない。物理学的に言うと、物質の振動運動が止まっている状態が温度の下限ということから来ているらしい。摂氏マイナス273・15度が絶対0度になる。

私たちは摂氏27度くらいを適温と感じているが、実は絶対温度３００度の世界を快適に過ごす生物が人間という言い方もできるわけだ（笑）。

マイナスがない世界を私たちは生きていると考えると、人生観もいろいろと変わって来る。温度もそうだが、時間もそうである。生を受けてから死ぬまでの間、私たちは時間を一方向に刻んでいくだけだ。

モノも実はそうだ。私たちは裸で生まれて来て、死ぬ時も、何も持ち帰ることなく帰っていく。地球から資源を勝手に借りて、自分のモノだと所有権を主張しているだけだ。

突き詰めて考えていくと、私たちは時間やモノや経験やあらゆるものを含めてご褒美をもらう人生を過ごしている。マイナスのない世界だ。にもかかわらず、感謝することも忘れて、「得した！」「損した！」と一喜一憂している贅沢《ぜいたく》な生物である。

「選ばれる」「選ばれない」にしても、マイナスのない世界概念から見てみれば、行動のチャンスをもらったご褒美であり、単に選択肢の分岐点があったに過ぎないことになる。

私たちは無意識のうちに基準値を設けてしまっていることに気づこう。

その基準値より上回ったか、下回ったかで一喜一憂し、心の健康にまで影響を与えている。

そして贅沢な生き物だから、その基準値を上回るようになると、それまで嬉しかったことが当たり前となって基準値がどんどん上がっていってしまう。際限がない。

つまり、いつも喜んだり、落ち込んだりの世界が半々やってくる世界に自分の身を置こうとしていることになる。

5年くらい過去の自分から見たら、なんて勿体ないことをしているのだろうと思うことだろう。5年前の自分にはなかなかできなかったことが優にできるようになっていて、ずっと喜びに浸れるはずなのに、基準値を上げてしまったがゆえに、いつまでも半分は負の感情で悩まなければならなくなっているのだ。

もちろん、この基準値操作でいいこともある。現状で満足せずに、常に成長を目指せるからだ。成長を喜べる体質になっておくことはとても良いことだ。特に「選ばれる」自分になるためには、成長し続けることが必須だ。

ただ同時に、初心に還る癖を持っておくことも大事である。

「コップの水」理論というものがある。

コップに水が半分入っていた時に、「半分も入っている！」と思うか、「半分しか入っていない！」と思うかで、気持ちもその後の行動も大きく変わってくるという有名な理論だ。

私たちは「向上心」と「挫折」の両方を上手く手懐《てなず》けなければならない。心は意外と単純だから、気持ちを誘導することで、湧いてくるエネルギーと行動を変えることができる。そのコントロールが上手い人が「選ばれる」人になっていくわけだ。

これからも「選ばれたい」と思う局面は多々やってくることだろう。

その時に、「選ばれる」「選ばれない」の土俵に乗れることに、まず感謝しよう。

そして「選ばれる」ために工夫できること、行動できることに感謝しよう。

結果は、次のステップへの励みの材料にするだけである。たとえ選ばれない結果だったとしても、それを反省材料にして、改善して、諦めずに成長しながら挑戦し続けている人が「選ばれる」人になっている。

これは著名な人たちを見てもわかる共通項だ。

エジソンは「天才は1%のひらめきと99%の努力である」と言った。イチローも大谷《おおたに》翔平《しょうへい》も、何度も挫折を乗り越え、私たちには到底真似できないような努力を積み重ねて、あの成功を掴み取ったことを私たちは知っている。


私たちはプラスしかない人生を歩んでいる。

マイナスでがっかりする概念がない世界だ。大事なのは、歩む距離だ。時間を濃く生きることだ。死ぬ時にきっとやって来る走馬灯《そうまとう》に、いかに沢山の思い出が浮かぶかだ。

「選ばれない」可能性に恐怖を感じて動かない選択をするより、動いてチャレンジした自分を褒めてあげるのが良い。

私たちは絶対0度の中で歩んでいる。

選ばれ続ける人がやっていること

チャレンジした自分を褒める。

▼迷ったら「5年後の自分」に相談しよう

人類が、地球上の生物の中で支配的な立場で君臨できているのは、記憶力のおかげではないかと思っている。記憶力こそが知性的な判断を促し、「選ばれる」素因となっている。知性とは言い換えると、長期的視野から見た最適解を導き出す能力のことで、記憶力があるからこそできる判断である。

これを逆説的に考えると、動物的とは短絡的な欲求に負けた行動のことで、長期的に見たら損するにもかかわらず、誘惑に負けて行動してしまう衝動のことを指している。

ここで大事なことは、私たち人類はロボットとは違って、動物の一種だということだ。ロボットなら常に長期的視野で物事を考えて、常に冷静な判断をくだせるだろうが、生存本能をベースとした短絡的な欲求も常に感じながら動いている動物ということである。

常に短絡的な誘惑と戦いながら、長期的な得をも認識して、時には我慢して、自分を律しながら、きっと動物から見たら理不尽にさえ見える行動を取って、最適解を目指す。この葛藤《かっとう》の日々が、人類に与えられた使命なのだろうし、同じ人間でも、動物的と言われる人と知性的と言われる人の差は、この視野の違いによるものなのだろう。

人類が、地球上の生物の中で支配的な立場だと表現したが、それだっていつまで続くかはわからない。人類が増え過ぎて、地球資源が枯渇する未来が見えてきている昨今、実はもっと長期的な視野に立って、物事を判断し、我慢していかねば、人類は滅んでしまうかも知れない。

地球から支配的な立場の生物として「選んで」もらうためには、これまで以上の時間軸で物事を考えられるよう自らを育成していかねばならない時代がもう来ているわけだ。

私の知り合いに、ロボット事業をビジネスにしている人がいる。まだこの時代では、採算を取るのがかなり難しい領域のビジネスだ。まだまだエンターテインメントが主戦場だろうし、最近レストランやその他でロボットを見かけるとは言っても、まだ毛の生えた程度のものだ。長い時間軸で捉えないと、なかなか参入できないビジネス領域だろう。

そこで、ある日、私は彼になぜロボット事業に邁進しているのかを尋ねたことがある。

そして彼の回答に絶句した。

「人類はいつか地球が狭くなって、他の星で住める所を探さねばならなくなる。その時、宇宙船でどこかの星に辿り着いたとしても、まずはロボットが開拓しなくてはならないだろう。そんな未来がやってきた時に、活躍できるロボットを作るためには、いまこの時代から開発を進めねばならないと思っている。きっと私の時代ではないだろう。しかし、誰かが始めないと、将来の子孫のために伝わっていかない。私がロボット事業を始めたのは、そんな理由だ」

この言葉を大の大人が、大真面目に話してくれた。

彼も人間だから、欲求もあるだろうし、迷いもあるだろう。しかし彼はいつもそんな未来を描きながら、その未来の実現を夢見て、ブレずに突き進んでいる。

彼の度量の大きさに私は度肝を抜かれたが、多かれ少なかれ、私たち人間は、記憶力という素晴らしい才能を持っている以上、未来を描いて、それに向かって進まねばならない。

その過程で、お腹が空いたとか、疲れたから休みたいとか、いろいろな欲求を昇華しながら進まねばならない。時には怠けたくなる欲求も強くやって来るだろう。そして人間だからこその複雑な環境に悩み、どうしていいのかわからなくなって迷うこともある。

迷った時に、頼りになる相談相手が欲しくなる。

その相談相手は、利害関係がなく、いつも冷静に考えてくれて、最適解を示唆してくれる存在が望ましい。

そんな相談相手にピッタリなのが、実は「5年後の自分」なのだ。

「5年後の自分」は、常に冷静に最適解を考えてくれるし、親身になって相談に乗ってくれる相手だ。目先の欲求にも惑わされずに状況を見てもくれる存在だ。

世の中には迷うことが多い。「今すぐにすべきなのか、ここは堪えて我慢すべきなのか」「左に行くべきか、右に行くべきか」「誰と組むべきなのか」いろいろな課題と直面する。早く楽になりたがっている自分とも戦いながら判断しなければならない。そんな時は、

ぜひ5年後の自分が喜ぶだろう判断をしてみよう。

今の自分が喜ぶ選択よりも、5年後の自分が喜ぶ選択だ。

きっと10年後の自分だと、未来過ぎて、どんな自分かわからないことが多いだろう。でも5年くらいの未来の自分なら、どんなことで喜ぶか想像ができるはずだ。その5年間があれば、何かをゼロから創り出す時間もある未来だ。きっと目先にとらわれずに、理想的な最適解を教えてくれるだろう。

選ばれ続ける人がやっていること

5年後の自分が喜ぶことをする。

おわりに

本書を最後までお読みいただき、心からありがとうと言いたい。

本書をきっかけに、「選ばれる」人になるためには価値を創り、提供し、能動的に活動して日々を充実させることだと、読者の皆さんに理解してもらえたら著者冥利《みょうり》に尽きる。

さて、「おわりに」に相応《ふさわ》しく、「選ばれる」ことの本質を最後に話しておきたい。

自分が選ばれることによって、その場の価値や幸せの総和が高まることを常に意識してほしいということだ。その意識を義務付けてほしいとまで言ってもいいかも知れない。

自分が選ばれた裏側で、選ばれなかった人たちがいる。

その選ばれなかった人たちを思いやる優しさを持ち合わせてほしいし、相手ではなく自分が選ばれたことで、よりプラスに働くことに繋《つな》がったのだという自負を持ってほしい。

変化がますます激しくなるこの世界。1人でできることには限りがあり、仲間と協調することでより大きなことを成し遂げられる。順応しつつ、人から「選ばれて」いかないと生き延びることがますます難しくなっている。
人間は生物学的にはとても弱い生き物だが、変化への順応性と協調によって生き抜いてきた。その特性をますます発揮させていくことが、「選ばれ続ける人」への必須条件になる。

最後に、この本を「選んで」くれた読者の皆さんに感謝の意を伝えたい。
Ｆａｃｅｂｏｏｋという膨大な人数がいるソーシャルの中から私を「選んで」くれ、「２冊目の本を出して！」と背中を押してくれた皆さんにも感謝したい。
朝日新聞出版編集部と本書をプロデュースしてくれた西沢泰生さん、出版までお手伝いくださったたくさんの方々に、「この本を世に出すことを選んでくれてありがとう！」と伝えたい。

価値を生む活動を希望し、その場に選ばれることは、とても気持ちのいいことだ。

２０２４年３月

井下田久幸

井下田久幸（いげた・ひさゆき）
ドルフィア株式会社代表取締役。1961年生まれ。青山学院大学理工学部卒業後、日本IBMに入社。38歳のときに社員数16人のITベンチャーに志願し転職。ほどなく倒産の危機に直面し、マーケティング部長の傍ら営業支援SEとして現場に入る。以来、足かけ4年にわたりマイクロソフトなど名だたる競合を相手に、コンペ300戦無敗という結果を残す。その後、東証一部上場企業JBCCにて執行役員、さらに先進技術研究所を設立し、初代所長となる。55歳で独立し、現職に。著書に『理系の仕事術』（かんき出版）。

ビジネスコンペ300戦無敗《せんむはい》
選《えら》ばれ続《つづ》ける極意《ごくい》

2024年４月30日　第１刷発行

著　　者　井下田　久幸
発 行 者　宇都宮健太朗
発 行 所　朝日新聞出版
〒104-8011　東京都中央区築地５-３-２
電話　03-5541-8832（編集）
03-5540-7793（販売）

印刷製本　広研印刷株式会社

ISBN978-4-02-251982-5
定価はカバーに表示してあります。